Ulrich Kistner
Dorit Vogel

Gesunde

Brote

SCHNELL SELBER BACKEN

möglichst natürlich

Zusatzstoffe vermeiden

Ein Kochbuch in Tabellenform, super übersichtlich, perfekt strukturiert!

Für Einsteiger und Fortgeschrittene, Singles, Paare und Familien gleichermaßen geeignet

Ulrich Kistner
Dorit Vogel

Gesunde Brote schnell selber backen

möglichst natürlich
Zusatzstoffe vermeiden

KDP-ISBN Taschenbuch: 979-8-3884-0659-0
Imprint: independently published

Erste Auflage, 2023
Serie: Backen, Band 1

Bibliografische Information der Deutschen Nationalbibliothek:
Die Deutsche Nationalbibliothek verzeichnet diese Publikation in der Deutschen Nationalbibliografie; detaillierte bibliografische Daten sind im Internet über http://dnb.d-nb.de abrufbar.

Druck/Verlag:
Selbstpublikation (Ulrich Kistner)

Vorwort:

Warum dieses Buch und für wen?

Wenn man etwas Gutes kochen oder backen will, hängt der Erfolg oftmals von der Übersichtlichkeit und Verständlichkeit des Kochbuches ab.

Im beruflichen Alltag müssen wir unsere Unterlagen immer wieder übersichtlich und verständlich erstellen. Wir sind es gewohnt, diese schnell zu lesen und trotzdem zu verstehen.

Also warum nicht ein Kochbuch mit den gleichen Regeln erstellen?

Auch der weniger Geübte soll sich in diesem Buch zurechtfinden. Jedes Rezept von Anfang bis Ende entspannt und zufrieden kochen können.

Dann noch sehr gute Rezepte und wir haben das perfekte Backbuch!

Nach diesen Rezepten hat Dorit Vogel über die Jahre schon sehr viel gebacken. Keine bis auf die letzte Kalorie ausgequetschte Zusammenstellung. Nein, oberste Priorität hat der Geschmack und die Natürlichkeit.

Es sind allesamt ältere bewährte Rezepte, die um Angaben ergänzt und in Tabellenform gebracht wurden.

Ziel war es, ein Buch sowohl für den Einsteiger als auch den Erfahrenen zu gestalten, bei dem sich ein Geübter, aber nicht zwangsweise langweilt.

Wenn man nicht für die Familie backt, dann vielleicht als Gastgeber für den Besuch. Deshalb sind die Rezepte immer mal wieder für mehrere Portionen ausgelegt. Die Mengen sind so genau angegeben, dass man sie für eine andere Portionenzahl leicht anpassen kann.

Bei der Verwendung der Kochutensilien wurde darauf geachtet, nicht zu viel zu benutzen, um das spätere Abspülen zu erleichtern. Des Weiteren wurde versucht, die Arbeitsabläufe ohne zu große Pausen zu gestalten.

Bei allen Rezepten sollten Sie unbedingt einen Küchenzeitmesser oder eine entsprechende App parat haben.

Wenn eine Küchenmaschine erwähnt wird, dann kann das natürlich auch manuell mit der Hand gerührt werden. Aber so eine Maschine spart Zeit, Mühe und kostet beim Discounter nicht viel.

Und wenn wir schon bei Maschinen sind, es gibt zum Brote selber backen seit einigen Jahren auch günstige Brotbackautomaten für den Hausgebrauch. Um damit schnell zurecht zu kommen, wird die Verwendung von fertigen Brotbackmischungen empfohlen. Wer natürlich und transparent backen will, wird schnell versucht sein, seine eigenen Mischungen in den Automaten zu geben. Dabei zeigt sich, dass die Hefe eine ganz entscheidende Rolle spielt, um den Teig aufgehen zu lassen. Da ist Geduld und Probieren gefragt. Eigentlich braucht man diese Automaten nicht, wenn man einen Backofen hat. Aber es gibt selbstverständlich einen großen Vorteil: das Gerät wird mit der Teigmischung gefüllt, die Backwünsche eingetippt und der Automat legt los, bis nach Stunden ein Ton ertönt und das Brot fertig ist. Kein Vorheizen, Beobachten, manuell eingreifen, etc.

Der Autor widmet das Buch Dorit Vogel, die über viele Jahre in unzähligen Vorträgen über das Backen mit wenigen, nur absolut notwendigen Zutaten viele Menschen beeindruckt hat.

So auch Ulrich Kistner. Der dann nicht widerstehen konnte, die Rezepte in ein Buch zu bringen, um noch mehr Menschen diese Art des Backens zu zeigen. Doch damit nicht genug, wie schon in anderen Kochbüchern von Ulrich Kistner, sollte auch hier der Laie die Chance bekommen, anhand des Aufbaus und der strukturierten Abläufe ein gelungenes Ergebnis zu schaffen.

Es soll keine große Erfahrung erforderlich sein, um sich mit diesen Rezepten gesund zu ernähren und zu genießen. Der Profi wird vielleicht das ein oder andere Mal schmunzeln, wenn da z.B. steht, es bedarf eines Kühlschranks und eines Backofens. Aber so mancher Single hat eben nicht alles in seiner Wohnung. Zumindest nicht kurz nach dem Einzug. So gibt es auch Rezepte, die das nicht unbedingt brauchen.

Wichtig für einen Neuling ist auch die Vorbereitung mit all den Hilfsmitteln, wie z.B. Schüssel, Backstein und Backtrennpapier. Wenn man erst beim Backen merkt, dass man jetzt nicht weiterkommt und keine freundliche Nachbarin in der Nähe ist die aushelfen kann, dann kommt da schnell Frust auf. Aber der Fall soll mit diesem Buch ja erst gar nicht eintreten.

Dorit Vogel hat eine so natürliche und selbstverständliche Art, diese tollen Rezepte zu präsentieren. Und obwohl teilweise wirklich sehr spartanisch bei den Zutaten, überzeugt das Ergebnis jedes Mal. Evtl. ist etwas mehr Zeit erforderlich, wenn ein Teig auch mit wenig Hefe und keinen „anderen Beschleunigern" richtig aufgehen soll. Doch der Kenner weiß genau das zu schätzen. Investieren wir heutzutage doch oft viel zu wenig Zeit in die Zubereitung unseres Essens. In diesem Buch sind wir also eher nicht auf dem Weg zum „Fast Food".

Vielen vielen Dank Dorit, für Deinen tollen Input und Deine Geduld!

Aufbau des Buches:

Auf das sonst oft übliche, in der Branche anzutreffende „Fachspezifische", hat der Autor bewusst verzichtet, was zum Verständnis der manchmal komplexen Materie sehr positiv beiträgt.

Alle Aussagen in diesem Buch beruhen auf Erfahrungen von Dorit Vogel und des Autors. Der Autor ist kein Jurist und kein ausgebildeter Koch oder Bäcker. Deshalb beruhen seine Tipps auf seinen Praxiserfahrungen und müssen im Einzelfall evtl. mit fachlicher Hilfe verifiziert werden.

Wenn nur von der männlichen Form, z.B. Mann, Koch oder Bäcker, gesprochen wird, dient das nur der Vereinfachung und besseren Lesbarkeit. Grundsätzlich sind damit auch die weiblichen bzw. geschlechtsneutralen Formen, wie z.B. Frau oder Bäckerin, gemeint.

Tipp:

Wer mit Sauerteig backen will, z.B. ein Sauerteigbrot, der sollte sich das letzte Rezept im Buch zuerst ansehen.

Tabellen:

Alle Rezepte sind in Tabellenform aufgelistet. Pro Rezept gibt es folgende Tabellen:

- Zeiten
    - o Hier werden die benötigten Zeiten für Einlege-/Ruhezeit, Arbeitszeit, Koch-/Back-zeit und Anrichten genannt. In der Regel kumuliert und maximal. Ohne Gewähr!
- Hilfsmittel
    - o Die benötigten Geräte, Töpfe, Schüsseln, Besteck, etc. sind mit ihrer Anzahl und dem Verwendungszweck aufgeführt
- Zutaten
    - o Von Gewürzen, Flüssigkeiten, über Mehl bis zum Gemüse und natürlichen Zusätzen findet man hier die Dinge, die man für die Zubereitung braucht
- Zubereitung
    - o Die einzelnen Schritte sind in dieser Tabelle durchnummeriert und so angeordnet, dass auch parallele Aktionen stattfinden können, um so die manchmal notwendigen Wartezeiten sinnvoll zu nutzen

Jede der 4 Tabellen hat eine andere Farbe. Es gibt keine 2 unterschiedlichen Tabellen auf einer Seite. Das Buch sollte in der Küche aufstellbar benutzbar sein.

Außer der Zeiten-Tabelle haben alle Tabellen eine Spalte „OK". In diese Spalte kann man z.B. pro Zeile einen kleinen Haken oder Punkt machen, wenn man die Hilfsmittel hat, die Zutaten gekauft hat, oder den Zubereitungsschritt gemacht hat. Wenn man ein Rezept wieder mal kocht, nimmt man eine andere Stiftfarbe und kann somit die Spalte „OK" öfters nutzen.

Tipp:

Wenn mehrere Schüsseln verwendet werden, so sind diese meist nummeriert. Da in der Küche heute sehr oft ähnliche Schüsseln genommen werden, können Sie diese außen mit einem Filz-stift beschriften, also mit „Schüssel 1" oder sogar „Schüssel 1 Vorteig". Damit behält man den Überblick, besonders wenn man noch nicht so geübt ist. Später sollte sich die Beschriftung wie-der leicht entfernen lassen (bitte prüfen Sie das vorher mit Ihrer Schüssel und dem Filzstift an einer kleinen Stelle und beachten Sie, dass es evtl. eines Klebestreifens auf der Schüssel bedarf um gut schreiben zu können, aber hierzu leider keine Garantie vom Autor).

Zu den Personen:

Ulrich Kistner, Jahrgang 1960, schreibt in seiner Freizeit „Ratgeber"-Bücher. Er bringt damit Erfahrungen aus seinem Leben zu Papier und hofft, dass es Leser gibt, denen er damit eine Freude machen kann oder sogar Unterstützung geben kann. In der Ratgeber-Serie sind schon Bücher zu unterschiedlichen Themen erschienen. Die Serie wird fortlaufend erweitert.

In diesem Buch ist es allerdings etwas anders. Denn hier kommt ein besonders großer Teil des Inhalts von Dorit Vogel. Ulrich Kistner hat die Rezepte und Informationen aufbereitet und in die spezielle Struktur dieses Buches überführt.

Obwohl Ulrich Kistner schon vorher Kochbücher geschrieben hat, gäbe es ohne Dorit Vogel und der folgenreichen Begegnung mit Ulrich Kistner, dieses Buch nicht. Hier wirkte der Autor also eher als der Ideengeber zum Buch, als mit seinen Erfahrungen zum Thema. Eher könnte da seine Frau Karin etwas zum Thema Brote selber backen beitragen, denn die macht Brote auch schon Jahrzehnte ohne Backmischungen selbst.

Dorit Vogel, Jahrgang 1953, lebt mit ihrem Mann in Vorarlberg, hat 3 erwachsene Kinder und 5 Enkelkinder. Sie ist leidenschaftliche Bäckerin und verwöhnt ihre Familie und Freunde immer wieder mit neuen Kreationen von Broten und Gebäck. Sie beschäftigt sich fortlaufend mit der gesunden Ernährungsweise, kocht leidenschaftlich gerne und lebt gesundheitsbewusst vegetarisch.

Feedback:

Der Autor freut sich über jedes konstruktive Feedback. Wenn Ihnen also irgendetwas im Buch auffällt das so nicht passt, z.B. ein Tabelleneintrag, die Reihenfolge in einer Tabelle, ein Schreibfehler, etwas vergessen wurde, etc. so schicken Sie bitte eine Mail an info@buch-backen.com. Gerne sind auch Anregungen und Verbesserungsvorschläge willkommen.

Inhalt

Falls Sie Koch-Einsteiger sind, sollten Sie besonders sorgfältig mit den Hilfsmitteln umgehen. Messer können/sollten sehr scharf sein, ein Herd wird sehr heiß und eine nicht abgeschaltete Herdplatte kann ein Haus in Brand setzen. Wenn Sie ein elektrisches Gerät zum Kochen eingeschaltet haben, sollten Sie, zumindest als Einsteiger, die Küche nicht verlassen bevor es nicht wieder ausgeschaltet ist.

Ganz wichtig um Frust zu vermeiden: Lesen Sie ein paar Tage vor dem Start die Hilfsmitteltabelle. Dann können Sie evtl. noch ein fehlendes Teil besorgen. Schließlich ist die nette Nachbarin nicht immer Zuhause.

Prüfen Sie auch alle Lebensmittel vor der Verwendung noch mal auf ihre Frische. Das geht in der Regel über das Aussehen und den Geruch, unabhängig von dem aufgedruckten Haltbarkeitsdatum, oft MHD für Mindesthaltbarkeitsdatum genannt.

Von Vorteil ist es natürlich, wenn Sie sich einen schon etwas erfahrenen Mitkocher/-bäcker an die Seite holen. Aber auch ohne sollte es gehen, dazu ist ja die Tabellenform gedacht.

Und nun,

VIEL SPASS UND GUTES GELINGEN !

1.1 Mit diesen Abkürzungen behält man den Überblick

Diese Abkürzungen werden in den nachfolgenden Tabellen verwendet:

Abkürzungen	
Zeichen	**Erklärung**
Pck	handelsübliches Päckchen
Stk	Stück
Prise	meist zwischen Daumen + Zeigefinger aufgenommen
g	Gramm
kg	Kilogramm
TL	Teelöffel
EL	Esslöffel
L	Liter
ml	Milliliter
Bund	mit Durchmesser, wenn Daumen Zeigefinger berührt

Meist wird so umgerechnet:

1 Esslöffel (EL) = 3 Teelöffel (TL) = 15 Milliliter (ml)

1 Teelöffel (TL) = 5 Milliliter (ml)

Halten Sie eine Küchenwaage bereit !

2   Brote

2.1   Vollkornbrot aus Dinkel oder Weizen

Je nach Vorliebe kann es ein Dinkel- oder Weizenbrot werden. Es werden nur minimale Zutaten verwendet. Es ist absolut transparent, was in dieses Brot kommt. So schmeckt es ehrlich gut. Wer es besonders gut machen will, nimmt kein Wasser aus dem Wasserhahn, sondern sucht sich ein gutes weiches Mineralwasser (still) aus der Glasflasche. Sollte dem Wasser aus dem Hahn etwas zugesetzt worden sein (z.B. Chlor), so kann man sich hier mit Mineralwasser noch was Gutes tun, obwohl nicht viel Wasser benötigt wird.

Abbildung 1: Vollkornbrot

Vollkornbrot	Zeiten	
Menge	**Einheit**	**Bemerkung**
40	Min	Arbeitszeit
60	Min	Teig gehen lassen
45	Min	Backdauer

Abbildung 2: Vollkornbrot im Korb

Vollkornbrot		Hilfsmittel	
Menge	**Bezeichnung**	**Bemerkung**	**OK**
1	Kühlschrank	Für Frische Backhefe, etc.	
1	Backofen	Für große Backbleche und mit mind. 250°C	
1	Großes Backblech	Für Backofen	
1	Großes Gitter	Für Backofen	
1	Großes Schneidbrett	Oder saubere Küchenarbeitsplatte	
1	Große Schüssel	Zum Teigkneten, mit Plastikdeckel	
1	Frischhaltefolie	Falls keine Schüssel mit Plastikdeckel vorhanden	
1	Plastiktüte/-sack	Falls keine Schüssel mit Plastikdeckel vorhanden	
1	Große Tasse	250 ml	
1	Messer	scharf, stabil	
1	Teelöffel	zum Dosieren	
1	Esslöffel	zum Dosieren	
1	Backtrennpapier	Für großes Backblech	

Zutaten für 1 großes + 2 kleine Brote

Menge	Einheit	Zutat	Bemerkung	OK
500	g	Dinkelmehl	oder Weizenvollkornmehl, fein gemahlen	
100	g	Dinkelmehl	Zum Bestreuen	
½	EL	Salz	ca. 12 g	
½	EL	Malzextrakt	z.B. von Morga (oder Backmalz, Aromamalz, Röstmalz, Malzmehl)	
10	g	Frische Backhefe	(Bäcker nimmt meist 40 g pro 1 kg Mehl)	
½	TL	Zucker	Oder Honig, Rohrzucker, Ahornsirup, Birnendicksaft	
125	ml	Warmes (Mineral-)Wasser	Weiteres warmes (Mineral-)Wasser nach Bedarf	
		Gewürze, Samen, etc.:	Nach Belieben, kleine Packungen und	
			geschrotet oder gemahlen	
			z.B. Fenchel, Anis, Kümmel, Koriander	

Vollkornbrot	Zubereitung	
Schritt	**Vorgang**	**OK**
1	Die Hefe mit dem Zucker in die Tasse geben	
2	Mit 125 ml warmem Wasser aufgießen (ca. Hälfte der 250 ml Tasse)	
3	Einige Minuten stehen lassen, bis sich die Hefe aufgelöst hat	
4	Das fein gemahlene Mehl in die Schüssel geben	
5	Das Salz, Malzextrakt und evtl. Gewürze (nach Geschmack) dazugeben	
6	Die Hefe zum Mehl geben	
7	Weiteres warmes Wasser nach und nach unterrühren, sodass ein schöner, geschmeidiger Teig entsteht	
8	Nur kurz kneten, bis der Teig schön bindet und sich gut von der Schüssel löst	
9	Die Schüssel in einen Plastiksack geben oder mit einem Plastikdeckel (oder mit Frischhaltefolie) gut zudecken (nicht mit einem Stofftuch)	
10	Den Teig nun ca. 1 Stunde bei Zimmertemperatur gehen lassen	
11	Danach den Backofen mit Ober- und Unterhitze auf 250°C einstellen (vorheizen)	
12	Den Teig auf die gut bemehlte Arbeitsfläche geben	
13	Den Teig mit Mehl bestäuben und immer wieder einschlagen	
14	Das überschüssige Mehl jedes Mal abklopfen, sodass der Teig etwas Spannung bekommt	
15	Den Teig zu einem größeren Wecken oder einem Laib formen	
16	Auf ein mit Backtrennpapier belegtes Blech legen	
17	Mit einem Messer schräg auf der Oberfläche einschneiden	
18	Danach sofort in den auf 250°C vorgeheizten Backofen (mittlere Schiene) schieben	
19	Je feiner der Teig, umso schneller sollte er in den Backofen	
20	Mit Ober- und Unterhitze (keine Heißluft) ca. 15 bis 20 Minuten backen	
21	Wenn sich in dieser Zeit schon eine schöne, braune Farbe gebildet hat, die Temperatur auf ca. 220°C etwas absenken, damit das Brot nicht zu dunkel wird und weitere ca. 20 bis 35 Minuten fertigbacken	
22	Das Brot nach dem Backen aus dem Ofen nehmen und auf einem Gitter auskühlen lassen	

2.2   Dinkel- oder Weizenvollkornbrot mit langer Teigführung

Durch die lange Teigführung ist es möglich, sehr wenig Hefe zu verwenden. Dadurch entwickelt sich ein sehr gutes Aroma und das Brot ist bekömmlicher und länger haltbar. Auch gut für Kastenbackformen.

Abbildung 3: Dinkelbrot aus der Kastenform

Dinkelbrot	Zeiten	
Menge	**Einheit**	**Bemerkung**
45	Min	Arbeitszeit
24	Std	Teig gehen lassen
45	Min	Backdauer

Abbildung 4: Dinkelbrot mit Kastenform

Dinkelbrot mit langer Teigführung		Hilfsmittel	
Menge	**Bezeichnung**	**Bemerkung**	**OK**
1	Kühlschrank	Für Frische Backhefe, etc.	
1	Backofen	Für große Backbleche und mit mind. 250°C	
1	Großes Gitter	Für Backofen	
1	Backformen	3 kleine oder 1 große Form (siehe Bild)	
1	Großes Schneidbrett	Oder saubere Küchenarbeitsplatte	
1	Große Schüssel	Zum Teigkneten, mit Plastikdeckel	
1	Frischhaltefolie	Falls keine Schüssel mit Plastikdeckel vorhanden	
1	Plastiktüte/-sack	Falls keine Schüssel mit Plastikdeckel vorhanden	
1	Große Tasse	250 ml	
1	Messer	scharf, stabil	
1	Teelöffel	zum Dosieren	
1	Esslöffel	zum Dosieren	
1	Backtrennpapier	Für großes Backblech	

Zutaten für 1 Brot

Menge	Einheit	Zutat	Bemerkung	OK
500	g	Dinkelmehl	oder Weizenvollkornmehl, fein gemahlen	
50	g	Dinkelmehl	Zum Bestreuen	
½	EL	Salz	ca. 12 g	
1	TL	Malzextrakt	z.B. von Morga (oder Backmalz, Aromamalz, Röstmalz, Malzmehl)	
2	g	Frische Backhefe		
1	Stk	Backfett	Butter oder Margarine zum einfetten	
		Warmes (Mineral-)Wasser	Nach Bedarf	
		Gewürze, Samen, etc.:	Nach Belieben, kleine Packungen	
			z.B. Nüsse, Sesam, Kümmel	

Dinkelbrot mit langer Teigführung	Zubereitung	

Schritt	Vorgang	OK
1	Das fein gemahlene Mehl in die Schüssel geben	
2	Das Salz, Malzextrakt und die Hefe dazugeben	
3	Soviel warmes Wasser nach und nach unterrühren und kneten, bis ein schöner, geschmeidiger Teig entsteht und sich gut von der Schüssel löst	
4	Die Schüssel in einen Plastiksack geben oder mit einem Plastikdeckel (oder mit Frischhaltefolie) gut zudecken (nicht mit einem Stofftuch)	
5	Den Teig in der Schüssel im Kühlschrank 24 Stunden ruhen lassen	
6	Danach den Backofen mit Ober- und Unterhitze auf 250°C einstellen (vorheizen)	
7	Den Teig ohne Mehl auf die Arbeitsfläche geben	
8	Den Teig in 3 gleiche Teile teilen (falls 3 Kastenformen)	
9	Jedes Teigteil mit nassen Händen einschlagen, bis der Teig etwas Spannung bekommt	
10	Die Kastenformen (3 kleine oder 1 große) mit Backtrennpapier auskleiden, oder, wenn noch etwas Nüsse oder Samen eingestreut werden sollen, mit dem Backfett etwas ausstreichen	
11	Falls ausgefettet, können jetzt die Nüsse oder Samen leicht eingestreut werden	
12	Den Teig in die Formen einlegen	
13	Nach Belieben mit einem Messer schräg auf der Oberfläche einschneiden	
14	In den auf 250°C vorgeheizten Backofen (Gitter auf mittlere Schiene) schieben	
15	Mit Ober- und Unterhitze (keine Heißluft) ca. 30 Minuten backen	
16	Brot aus dem Ofen nehmen und aus der Form auf das Gitter stürzen	
17	Brot auf dem Gitter wieder in den Ofen schieben (Unterseite nach oben)	
18	Weitere ca. 10 bis 15 Minuten fertig backen, bis sich rundherum Rinde gebildet hat	
19	Das Brot nach dem Backen aus dem Ofen nehmen und auf einem Gitter auskühlen lassen	

2.3   Bauernbrot mit Roggen

Ein Brot wie es früher auf dem Land üblich war. Man kann dieses Brot auch im Guss-
eisentopf backen. Dazu 25 Minuten mit Deckel und 25 Minuten ohne Deckel backen.
Wenn es gut gelingt, hat man eine wunderbare resche Kruste.

Abbildung 5: Bauernbrot mit Roggen

Bauernbrot mit Roggen	Zeiten	
Menge	**Einheit**	**Bemerkung**
15	Min	Arbeitszeit Vorteig
12	Std	Vorteig gehen lassen
40	Min	Arbeitszeit Brotteig
70	Std	Teig gehen lassen
60	Min	Backdauer

Abbildung 6: Bauernbrot

Hilfsmittel

Menge	Bezeichnung	Bemerkung	OK
1	Kühlschrank	Für Frische Backhefe, Vorteig, etc.	
1	Backofen	Für große Backbleche und mit mind. 250°C	
1	Großes Backblech	Für Backofen	
1	Großes Gitter	Für Backofen	
1	Brotkörbchen	1 großes oder 2 kleine	
1	Großes Schneidbrett	Oder saubere Küchenarbeitsplatte	
1	Große Schüssel	Zum Teigkneten, mit Plastikdeckel	
1	Mittlere Plastikschüssel	Mit Plastikdeckel für den Kühlschrank (Vorteig)	
1	Frischhaltefolie	Falls keine Schüssel mit Plastikdeckel vorhanden	
1	Plastiktüte/-sack	Falls keine Schüssel mit Plastikdeckel vorhanden	
1	Große Tasse	250 ml	
1	Messer	scharf, stabil	
1	Teelöffel	zum Dosieren	
1	Esslöffel	zum Dosieren	
1	Backtrennpapier	Für großes Backblech	

Zutaten für 2 Bauernbrote

Menge	Einheit	Zutat	Bemerkung	OK
		Für den Vorteig:		
200	g	Roggenmehl	Fein gemahlen	
100	g	Joghurt oder Kefir	ca. halber Becher	
250	ml	Warmes (Mineral-)Wasser	Sehr warm	
		Für den Hauptteig:		
400	g	Dinkelmehl	oder Weizenvollkornmehl, fein gemahlen	
100	g	Dinkelmehl	Zum Bestreuen	
200	g	Roggenmehl	Fein gemahlen	
1	EL	Salz	ca. 18 bis 20 g	
125	ml	Warmes (Mineral-)Wasser	Nach Bedarf auch mehr	
20	g	Frische Backhefe		
½	TL	Zucker	Oder Honig, Rohrzucker, Ahornsirup, Birnendicksaft	
		Gewürze, Samen, etc.:	Nach Belieben, kleine Packungen	
			Geschrotet oder gemahlen	
			z.B. Fenchel, Anis, Kümmel, Koriander	

Bauernbrot mit Roggen	Zubereitung	
Schritt	**Vorgang**	**OK**
1	**Für den Vorteig:**	
2	Die Vorteig-Zutaten, ½ Joghurt, 200 g Roggenmehl und 250 ml Wasser in die mittlere Plastikschüssel geben	
3	Gut verrühren, Deckel drauf und über Nacht bei Raumtemperatur stehen lassen	
4	**Für den Hauptteig:**	
5	Die Hefe mit dem Zucker in die Tasse geben	
6	Mit 125 ml warmem Wasser aufgießen (ca. Hälfte der 250 ml Tasse)	
7	Einige Minuten stehen lassen, bis sich die Hefe aufgelöst hat	
8	Das fein gemahlene 400 g Dinkel- und 200 g Roggenmehl in die große Schüssel geben	
9	Das Salz und die diversen Gewürze (je nach Vorliebe) dazugeben und verrühren	
10	Die Tasse mit der aufgelösten Hefe, dem Zucker und Wasser in die große Schüssel leeren	
11	Den Vorteig vom Vortag in die große Schüssel geben	
12	Soviel warmes Wasser nach und nach unterrühren und kneten, bis ein schöner, geschmeidig bindender Teig entsteht und sich gut von der Schüssel löst	
13	Die Schüssel in einen Plastiksack geben oder mit einem Plastikdeckel (oder mit Frischhaltefolie) gut zudecken (nicht mit einem Stofftuch)	
14	Den Teig nun ca. 1 Stunde bei Zimmertemperatur gehen lassen	
15	Danach den Backofen mit Ober- und Unterhitze auf 250°C einstellen (vorheizen)	
16	Den Teig auf die gut bemehlte Arbeitsfläche geben	
17	Aus dem Teig 1 großes und oder 2 kleine Brote formen	
18	Jedes Teil zu einer Kugel formen, indem man den Teig rund einschlägt	
19	Mit der glatten Seite in ein (oder zwei) mit Mehl ausgestreutes Brotkörbchen legen	
20	Mit einer Frischhaltefolie abdecken und ca. 5 bis 10 Minuten gehen lassen	
21	Großes Backblech mit Backtrennpapier auslegen	
22	Das Brot auf das Backtrennpapier stürzen	
23	Nach Belieben mit einem Messer schräg auf der Oberfläche einschneiden	
24	In den auf 250°C vorgeheizten Backofen (Gitter auf mittlere Schiene) schieben	

25	Mit Ober- und Unterhitze (keine Heißluft) ca. 30 Minuten backen	
26	Falls sich noch keine schöne braune Kruste gebildet hat, evtl. die Temperatur etwas reduzieren (ca. 230°C) und weitere 20 bis 25 Minuten fertigbacken	
27	Das Brot nach dem Backen aus dem Ofen nehmen und auf einem Gitter auskühlen lassen	

2.4   Sonnenblumenbrot

Hierzu werden Sonnenblumenkerne verwendet. In der Zubereitung ist das Brot mit einem Quellstück etwas aufwendiger (ein Gemisch das vorab zum Quellen angesetzt wird und dadurch mehr Wasser gebunden wird).

Aufwendiger auch, durch den Einsatz einer Küchenmaschine zum Kneten des Teigs. Für das (Sauerteig-) Anstellgut siehe spezielles Rezept am Ende des Buches.

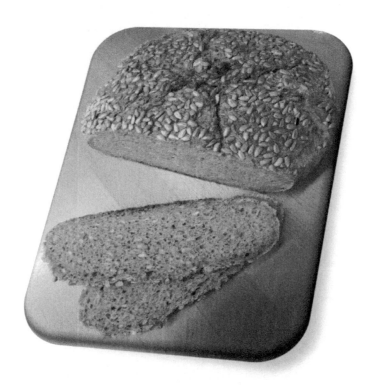

Abbildung 7: Sonnenblumenbrot

Sonnenblumenbrot		Zeiten
Menge	**Einheit**	**Bemerkung**
15	Min	Arbeitszeit Vorteig
12	Std	Vorteig gehen lassen
12	Std	Quellstück quellen lassen
18	Min	Brotteig in Maschine
90	Min	Brotteig gehen lassen
20	Min	Arbeitszeit Brotteig
12	Std	Teig im Gärkorb
50	Min	Backdauer

Abbildung 8: Sonnenblumenbrot bestreut

Sonnenblumenbrot		**Hilfsmittel**	
Menge	**Bezeichnung**	**Bemerkung**	**OK**
1	Kühlschrank	Für Frische Backhefe, Vorteig, etc.	
1	Backofen	Für große Backbleche und mit mind. 250°C	
1	Küchenmaschine	Mit Knetschüssel für den Teig	
2	Große Backbleche	Für Backofen	
1	Großes Gitter	Für Backofen	
1	Brotbackstein	Oder direkt auf das Backblech	
1	Gärkorb	Für das Brot zum reifen	
1	Großes Schneidbrett	Oder saubere Küchenarbeitsplatte	
1	Große Schüssel	Zum Teigkneten, mit Plastikdeckel	
1	Feuerfeste Schüssel	Zum mit in den Backofen stellen, mit altem Besteck o.ä.	
1	Mittlere Plastikschüssel	Mit Plastikdeckel für den Kühlschrank (Vorteig)	
1	Mittlere Plastikschüssel	Mit Plastikdeckel für den Kühlschrank (Quellstück)	
1	Frischhaltefolie	Falls keine Schüssel mit Plastikdeckel vorhanden	
1	Plastiktüte/-sack	Falls keine Schüssel mit Plastikdeckel vorhanden	
1	Große Tasse	250 ml	
1	Brotschieber	Oder Holzschaufel	
1	Messer	scharf, stabil	
1	Teelöffel	zum Dosieren	
1	Esslöffel	zum Dosieren	
1	Messbecher	Einteilung ml/g bis 1 Liter	
1	Backtrennpapier	Für großes Backblech	

Zutaten für 1 Brot

Menge	Ein-heit	Zutat	Bemerkung	OK
		Für den Vorteig:		
100	g	Weizenvollkornmehl	Fein gemahlen	
30	g	Sauerteig	Anstellgut oder 1 g Frische Backhefe	
100	ml	Warmes (Mineral-)Wasser	Ca. 30°C	
		Für das Quellstück:		
130	g	Sonnenblumenkerne	Gute Qualität	
130	ml	Warmes (Mineral-)Wasser	Zimmertemperatur	
		Für den Hauptteig:		
300	g	Weizenmehl	Typ 1050	
100	g	Weizenmehl	Zum Bestreuen	
100	g	Roggenmehl hell	Typ 960	
50	ml	Sonnenblumenöl	Zum Einölen	
10	g	Butter		
½	EL	Salz	ca. 12 g	
3	g	Backmalz	Oder Honig	
8	g	Frische Backhefe		
150-200	ml	Warmes (Mineral-)Wasser	Ca. 30°C	

Sonnenblumenbrot	Zubereitung	
Schritt	**Vorgang**	**OK**
1	**Für den Vorteig:**	
2	Die Vorteig-Zutaten, 100 g Weizenmehl, 30 g Sauerteig (oder 1 g Hefe) und 100 ml Wasser mit 30°C in die mittlere Plastikschüssel geben	
3	Gut verrühren, Deckel drauf und 8 bis 12 Stunden bei Raumtemperatur stehen lassen	
4	**Für das Quellstück:**	
5	Die Sonnenblumenkerne in eine leere Schüssel geben	
6	Mit 130 ml Wasser aufgießen (ca. Hälfte der 250 ml Tasse)	
7	Gut verrühren, Deckel drauf und 8 bis 12 Stunden bei Raumtemperatur stehen lassen	
8	**Für den Hauptteig:**	
9	150 ml Wasser mit 30°C in die Schüssel der Küchenmaschine geben	
10	Den Rest der Zutaten des Hauptteigs dazugeben	
11	Mit der Küchenmaschine 2 bis 3 Minuten langsam ankneten	
12	Jetzt auf mittlere Geschwindigkeit stellen und 10 Minuten weiterkneten. Wenn nötig noch nach und nach etwas Wasser unterkneten	
13	Die große Teigschüssel mit Sonnenblumenöl etwas einölen	
14	Den Teig aus der Maschine in die Teigschüssel geben	
15	Bei Raumtemperatur ca. 90 Minuten gehen lassen	
16	Einen Gärkorb gut mit Mehl bestäuben	
17	Den gegangenen Teig auf eine bemehlte Arbeitsfläche stürzen und locker zu einer Kugel formen	
18	Die Teigoberfläche leicht mit Wasser bepinseln und dann in den Sonnenblumenkernen wenden	
19	Anschließend den Teigling mit dem Verschluss nach oben in den Gärkorb legen	
20	Den Gärkorb in einen passenden Plastiksack geben und über Nacht in den Kühlschrank stellen (Wenn man es eilig hat kann man das Brot aber auch gleich backen)	
21	Den Backofen mit einem Brotbackstein (oder einem leeren Blech) und einer feuerfesten Schüssel in der unteren Ofenhälfte auf 250°C Ober/Unterhitze vorheizen	
22	Den Teigling auf eine bemehlte Holzschaufel stürzen (Verschluss ist unten)	
23	Die Teigoberfläche mit einem scharfen Messer 2x übers Kreuz einschneiden	

24	Den Teigling von der Holzschaufel direkt auf den heißen Brotbackstein (oder das heiße Blech) im Ofen schieben
25	Ein leeres Blech umgekehrt in die oberste Rille des Ofens schieben
26	Etwa 100 bis 200 ml Wasser in die feuerfeste Schüssel im Ofen gießen
27	Die Ofentür sofort schließen und das Brot für 20 Minuten backen
28	Nach 20 Minuten das obere Blech und die Schüssel mit Wasser aus dem Ofen nehmen
29	Ofen wieder schließen und die Temperatur auf 200 bis 220°C reduzieren
30	Das Brot für weitere 30 Minuten goldbraun fertig backen
31	Das Brot nach dem Backen aus dem Ofen nehmen und auf einem Gitter auskühlen lassen

2.5   Sauerteigbrot mit knuspriger Kruste

Ein traditionelles und sehr aromatisches Brot. Manche schwören auf die Bekömmlichkeit und den typischen Geschmack des Sauerteigbrotes. Die Kruste lässt sich sehr individuell gestalten. Vorab muss ein Sauerteig gemacht werden (siehe spezielles Rezept am Ende des Buches), von dem man immer wieder etwas verwenden kann (Kühlschrank).

Tipp: Wer den Sauerteigansatz nicht selber machen möchte, kann sich diesen beim Bäcker des Vertrauens besorgen.

Das Brot kann auch auf einem Backstein gebacken werden.

Abbildung 9: Sauerteigbrot

Sauerteigbrot		Zeiten
Menge	**Einheit**	**Bemerkung**
15	Min	Arbeitszeit Vorteig
12	Std	Vorteig gären lassen
30	Min	Arbeitszeit Hauptteig
3	Std	Brotteig gehen lassen
20	Min	Arbeitszeit Brotteig
12	Std	Teig im Gärkorb
50	Min	Backdauer

Abbildung 10: Sauerteigbrot geschnitten

Sauerteigbrot		**Hilfsmittel**	
Menge	**Bezeichnung**	**Bemerkung**	**OK**
1	Kühlschrank	Für Frische Backhefe, Vorteig, etc.	
1	Backofen	Für große Backbleche und mit mind. 250°C	
1	Küchenmaschine	Mit Knetschüssel für den Teig	
1	Großes Backblech	Für Backofen	
1	Großes Gitter	Für Backofen	
1	Gärkorb (22 cm)	Für das Brot zum reifen	
1	Großes Schneidbrett	Oder saubere Küchenarbeitsplatte	
1	Große Schüssel	Zum Teigkneten, mit Plastikdeckel	
1	Mittlere Plastikschüssel	Mit Plastikdeckel für den Kühlschrank (Vorteig)	
1	Frischhaltefolie	Falls keine Schüssel mit Plastikdeckel vorhanden	
1	Plastiktüte/-sack	Falls keine Schüssel mit Plastikdeckel vorhanden	
1	Feuerfeste Schüssel	Zum mit in den Backofen stellen, mit altem Besteck o.ä.	
1	Gusseisentopf	Mit Deckel, für den Ofen	
1	Backstein	Alternativ auf Wunsch, statt auf dem Blech	
1	Große Tasse	250 ml	
1	Messer	scharf, stabil	
1	Teelöffel	zum Dosieren	
1	Esslöffel	zum Dosieren	
1	Messbecher	Einteilung ml/g bis 1 Liter	
1	Brotschieber	Oder Holzschaufel	
1	Backtrennpapier	Für großes Backblech	

Sauerteigbrot			Zutaten für 1 Brot		
Menge	**Einheit**	**Zutat**	**Bemerkung**		**OK**
		Für den Vorteig:			
145	g	Weizenmehl	Typ 700		
30	g	Sauerteig-Anstellgut			
110	ml	Warmes (Mineral-)Wasser	Handwarm		
		Für den Hauptteig:			
200	g	Dinkelvollkornmehl	oder Weizenvollkornmehl, fein gemahlen		
100	g	Dinkelmehl	Zum Bestreuen		
225	g	Weizenmehl	Typ 700		
½	EL	Salz	ca. 12 g		
300	ml	Warmes (Mineral-)Wasser	Handwarm		
2	EL	Sonnenblumenöl	Zum Einölen der Schüssel		

Zubereitung

Schritt	Vorgang	OK
1	**Für den Vorteig:**	
2	Das Wasser in eine mittlere Schüssel geben und 30 g Sauerteig-Anstellgut einrühren	
3	Dann 145 g Weizenmehl dazugeben und gut miteinander vermischen	
4	Die Schüssel in einen Plastiksack geben oder mit einem Plastikdeckel (oder mit Frisch-haltefolie) gut zudecken (nicht mit einem Stofftuch)	
5	Den Vorteig bei Zimmertemperatur 7 bis 10 Stunden gären lassen, bis sich der Teig ca. verdreifacht hat (temperaturabhängig). Der Teig muss sehr locker und luftig sein	
6	**Für den Hauptteig:**	
7	Das Wasser, den Vorteig und das Mehl in die Schüssel der Küchenmaschine geben und ca. 3-4 Minuten bei kleiner Stufe kneten	
8	Dann die Geschwindigkeit etwas erhöhen und das Salz dazugeben	
9	Den Teig bei mittlerer Geschwindigkeit insgesamt ca. 10 Minuten kneten	
10	Eine Schüssel mit etwas Sonnenblumenöl einstreichen und den Teig hineinlegen	
11	Die Schüssel in einen Plastiksack geben oder mit einem Plastikdeckel (oder mit Frisch-haltefolie) gut zudecken (nicht mit einem Stofftuch)	
12	Den Teig nun ca. 2 bis 3 Stunden bei Zimmertemperatur gehen lassen	
13	Dabei 1 bis 2 mal zwischen dieser Zeit, verteilt dehnen und falten	
14	Die letzte 3/4 Stunde ruhen lassen	
15	Nach dem Gehen den Teig locker aus der Schüssel auf eine bemehlte Arbeitsfläche glei-ten lassen. Die Luft sollte dabei im Teig erhalten bleiben	
16	Nun den Teig locker zu einer Kugel formen und mit der glatten Seite in ein gut bemehl-tes Gärkörbchen (22 cm) legen	
17	Man kann das Gärkörbchen auch mit einem Tuch auskleiden, leicht bemehlen und den Teig einlegen	
18	Das Gärkörbchen in einen geeigneten Plastiksack geben, mit einer Klammer verschließen und im Kühlschrank für ca. 7 bis 12 Stunden ruhen lassen	
19	Einen Gusseisentopf mit Deckel im Ofen bei 250° C vorheizen	
20	Dabei eine ofenfeste Schale mit altem Besteck (Schrauben gehen auch) oder mit Steinen füllen und miterhitzen	
21	Den Teig aus dem Körbchen auf die Arbeitsfläche stürzen, mit der Hand locker aufheben und in den heißen Gusseisentopf fallen lassen	

22	Mit dem Messer die Oberfläche über Kreuz nur 2-3 Millimeter tief einschneiden	
23	Den Deckel wieder auflegen und zurück in den Ofen schieben	
24	Etwas Wasser auf das erhitzte Besteck gießen, damit sich Dampf bildet. Ofen schließen	
25	Die Temperatur auf 230°C zurückschalten und 40 Minuten backen	
26	Nach 40 Minuten den Gusseisentopf aus dem Ofen holen, das Brot vorsichtig aus dem Topf nehmen	
27	Für weitere 10 Minuten direkt auf dem Gitter oder einem Backstein nachbacken	
28	Den Teigling mit dem Einschnitt nach oben direkt mit dem Brotschieber (Holzschaufel) auf den heißen Backstein oder das heiße Blech geben und mit Dampf 20 Minuten backen	
29	Die Türe nach 20 Minuten kurz öffnen und den Dampf entweichen lassen	
30	Nun das Brot für weitere 30 Minuten knusprig ausbacken	
31	Das Brot nach dem Backen aus dem Ofen nehmen und auf einem Gitter auskühlen lassen	

2.6 Kartoffelbrot mit Walnüssen

Ein saftiges und aromatisches Brot. Man kann das Brot auch auf einem heißen Backstein oder einem heißen Blech backen. Dabei den Ofen bedampfen. Den Dampf sollte man nach 20 Minuten entweichen lassen und das Brot fertig backen (mit schöner Kruste). Für das (Sauerteig-) Anstellgut siehe spezielles Rezept am Ende des Buches.

Abbildung 11: Kartoffelbrot geschnitten

Kartoffelbrot		Zeiten
Menge	**Einheit**	**Bemerkung**
15	Min	Arbeitszeit Vorteig
12	Std	Vorteig gehen lassen
130	Min	Brotteig gehen lassen
70	Min	Arbeitszeit Hauptteig
12	Std	Teig im Gärkorb
60	Min	Backdauer

Abbildung 12: Kartoffelbrot mit Kartoffel und Walnüssen

Kartoffelbrot		Hilfsmittel	
Menge	**Bezeichnung**	**Bemerkung**	**OK**
1	Kühlschrank	Für Frische Backhefe, Vorteig, etc.	
1	Backofen	Für große Backbleche und mit mind. 250°C	
1	Küchenmaschine	Mit Knetschüssel für den Teig	
1	Großes Backblech	Für Backofen	
1	Großes Gitter	Für Backofen	
1	Gärkorb rund (22 cm)	Für das Brot zum reifen	
1	Großes Schneidbrett	Oder saubere Küchenarbeitsplatte	
1	Große Schüssel	Zum Teigkneten, mit Plastikdeckel	
1	Mittlere Plastikschüssel	Mit Plastikdeckel für den Kühlschrank (Vorteig)	
1	Frischhaltefolie	Falls keine Schüssel mit Plastikdeckel vorhanden	
1	Plastiktüte/-sack	Falls keine Schüssel mit Plastikdeckel vorhanden	
1	Gusseisentopf	Mit Deckel, für den Ofen	
1	Backstein	Alternativ auf Wunsch, statt auf dem Blech	
1	Große Tasse	250 ml	
1	Messer	scharf, stabil	
1	Esslöffel	zum Dosieren	
1	Messbecher	Einteilung ml/g bis 1 Liter	
1	Brotschieber	Oder Holzschaufel	
1	Backtrennpapier	Für großes Backblech	
1	Küchensieb	Zum Abgießen des Kochwassers der Kartoffeln	
1	Großer Kochtopf	Zum Kochen der Kartoffeln	

Zutaten für 1 Brot

Menge	Einheit	Zutat	Bemerkung	OK
		Für den Vorteig:		
100	g	Weizenmehl	Typ 700	
20	g	Sauerteig-Anstellgut	Alternativ 0,5 g Frische Backhefe	
100	ml	Warmes (Mineral-)Wasser	Handwarm	
		Für den Hauptteig:		
200	g	Kartoffeln	Gekocht und durchgepresst	
270	g	Weizenmehl	Typ 700	
80	g	Roggenmehl, hell	Typ 960	
100	g	Roggenmehl	Zum Bestreuen	
50	g	Weizenvollkornmehl	Fein gemahlen	
70	g	Walnüsse	Leicht geröstet	
½	EL	Salz	ca. 12 g	
5	g	Frische Backhefe		
50	ml	Sonnenblumenöl	Zum Einstreichen	
160	ml	Warmes (Mineral-)Wasser	Handwarm	

Kartoffelbrot	Zubereitung	
Schritt	Vorgang	OK
1	**Für den Vorteig:**	
2	Die Vorteig-Zutaten, 100 ml Wasser und den Sauerteig (oder Hefe), in die mittlere Plastikschüssel geben und vermischen	
3	Die 100 g Weizenmehl dazugeben und unterrühren, Deckel drauf und 8 bis 12 Std bei Raumtemperatur gären lassen	
4	**Für den Hauptteig:**	
5	Die Kartoffeln im großen Kochtopf mit Wasser auffüllen und weich kochen	
6	Das Kochwasser der Kartoffeln über das Sieb abgießen	
7	Schälen und durch die Kartoffelpresse in die Schüssel der Küchenmaschine drücken	
8	Einige Minuten stehen und auskühlen lassen	
9	Das Wasser, 3 versch. Mehle, Hefe, Kartoffelmasse und den Vorteig in die Schüssel der Küchenmaschine geben	
10	2 bis 3 Minuten auf langsamer Stufe kneten	
11	Erst danach das Salz beigeben und bei etwas höherer Geschwindigkeit ca. 10 Minuten kneten	
12	Zum Schluss die gerösteten Walnüsse nur noch kurz unterkneten	
13	Eine Schüssel mit etwas Sonnenblumenöl einstreichen und den Teig hineinlegen	
14	Die Schüssel in einen Plastiksack geben oder mit einem Plastikdeckel (oder mit Frisch-haltefolie) gut zudecken (nicht mit einem Stofftuch)	
15	Den Teig 40 Minuten bei Raumtemperatur gehen lassen	
16	Aufdecken, einmal dehnen und falten (mit nassen Händen den Teig etwas in die Höhe ziehen und wieder übereinanderlegen)	
17	Diesen Vorgang von allen 4 Seiten wiederholen, zudecken und weiter gehen lassen	
18	Den Teig weitere 20 bis 50 Minuten bei Raumtemperatur gehen lassen	
19	Einen runden Gärkorb mit Roggenmehl bestäuben	
20	Den Teig auf der bemehlten Arbeitsfläche zu einem runden Laib formen	
21	Immer wieder den Teig in die Mitte falten und rund einschlagen, so bekommt er etwas Spannung	
22	Nun den Laib mit der glatten Seite nach unten in den Gärkorb legen, zudecken und nochmals ca, 40 Minuten gehen lassen	

23	Einen Gusseisentopf mit Deckel in den Backofen stellen und auf 250°C vorheizen	
24	Den gegangenen Brotlaib auf die Arbeitsfläche stürzen	
25	Beherzt mit beiden Händen aufheben und in den heißen Gusseisentopf fallen lassen	
26	Mit einem Messer die Oberfläche rautenförmig einschneiden	
27	Den Deckel auflegen und wieder in den Ofen schieben	
28	Das Brot nun 20 Minuten mit Deckel backen	
29	Eventuell die Hitze etwas reduzieren, da jeder Backofen von der Temperatur her etwas verschieden bäckt	
30	Nach diesen 20 Minuten den Deckel entfernen und das Brot wieder einschieben	
31	Das Brot nun für weitere 30 bis 40 Minuten knusprig ausbacken	
32	Das Brot nach dem Backen aus dem Ofen nehmen und auf einem Gitter auskühlen lassen	

3   Brötchen

3.1   Laugenbrötchen

Etwas ganz Besonderes, mit spezieller Lauge für den typischen Geschmack und das schöne Aussehen. Man kann es mit etwas Übung so hinbekommen, dass es aussieht wie aus dem Laden, aber eben mit den Inhaltsstoffen, die man sich selbst ausgesucht hat. Durch Einschneiden erreicht man die typischen weißen Streifen. Für das (Sauerteig-) Anstellgut siehe spezielles Rezept am Ende des Buches.

Abbildung 13: Laugenbrötchen

Laugenbrötchen	Zeiten	
Menge	**Einheit**	**Bemerkung**
40	Min	Arbeitszeit Teig
60	Min	Teig gehen lassen
12	Std	Teigstücke gehen lassen
20	Min	Backdauer

Abbildung 14: Laugenbrötchen im Korb

Laugenbrötchen	Hilfsmittel		
Menge	**Bezeichnung**	**Bemerkung**	**OK**
1	Kühlschrank	Für Frische Backhefe, Milch, etc.	
1	Backofen	Für große Backbleche und mit mind. 250°C	
1	Küchenmaschine	Mit Knetschüssel für den Teig	
1	Großes Backblech	Für Backofen	
1	Großes Gitter	Für Backofen	
1	Großes Schneidbrett	Oder saubere Küchenarbeitsplatte	
1	Große Schüssel	Zum Teigkneten, etc. mit Plastikdeckel	
1	Mittlere Plastikschüssel	Mit Plastikdeckel für den Kühlschrank	
1	Frischhaltefolie	Falls keine Schüssel mit Plastikdeckel vorh.	
1	Plastiktüte/-sack	Falls keine Schüssel mit Plastikdeckel vorh.	
1	Backpinsel	Für die Natronlauge	
1	Großer Kochtopf	Zum Aufkochen der Natronlauge	
1	Große Tasse	250 ml	
1	Messer	scharf, stabil	
1	Teelöffel	zum Dosieren	
1	Esslöffel	zum Dosieren	
1	Messbecher	Einteilung ml/g bis 1 Liter	
1	Backtrennpapier	Für großes Backblech	
1	Schaumkelle	Für die Natronlauge	

Zutaten für 6 Brötchen

Menge	Einheit	Zutat	Bemerkung	OK
		Für den Teig:		
490	g	Weizenmehl	Typ 550 oder 405	
100	g	Weizenmehl	Zum Bestreuen	
10	g	Sauerteig-Anstellgut	Alternativ 1 g Frische Backhefe	
280	ml	Vollmilch, handwarm	Oder halb Warmes (Mineral-)Wasser halb Milch	
½	EL	Salz	ca. 12 g	
40	g	Weiche Butter		
5	g	Frische Backhefe		
5	EL	Bretzelsalz	Grob, zum Bestreuen	
		Für die Natronlauge:		
1	L	Warmes (Mineral-)Wasser	Handwarm	
100	g	Natronpulver	Natriumcarbonat/Backnatron	

Zubereitung

Schritt	Vorgang	OK
1	**Für den Teig:**	
2	Zuerst die Milch und dann alle anderen Teigzutaten in die Schüssel der Küchenmaschine geben	
3	Bei langsamer Stufe 3 Minuten kneten und dann die Geschwindigkeit etwas erhöhen und den Teig insgesamt 10 bis 12 Minuten kneten	
4	Wenn der Teig noch zu klebrig ist, weiter kneten, bis er schön elastisch ist	
5	Nun aus dem Teig eine Kugel formen und diese in eine Schüssel legen	
6	Gut abgedeckt für 60 Minuten bei Raumtemperatur aufgehen lassen	
7	Nach 60 Minuten den Teig auf eine leicht bemehlte Arbeitsfläche geben und in 90 g schwere Teigstücke teilen	
8	Jedes Stück auf der unbemehlten Arbeitsfläche zu einer runden Kugel formen (schleifen)	
9	Einige Minuten auf der Arbeitsfläche ruhen lassen	
10	Dann jedes Teil länglich formen und die Enden spitz zulaufen lassen	
11	Die Teigstücke auf ein mit Backtrennpapier belegtes Blech setzen	
12	Gut abgedeckt über Nacht, für 18 bis 24 Stunden, im Kühlschrank oder in einem kühlen Raum ruhen lassen	
13	**Für die Natronlauge:**	
14	Den Liter Wasser in einem Topf aufkochen	
15	Das Natronpulver langsam und vorsichtig einrühren. Achtung: Wasser sprudelt leicht auf	
16	Die Lauge leicht abkühlen lassen	
17	Den Ofen auf 220°C Ober/Unterhitze vorheizen	
18	Die Teiglinge einzeln mit der Schaumkelle für 6 bis 7 Sekunden in die Natronlauge geben und anschließend etwas abtropfen lassen	
19	2 Stücke/Bögen vom Backtrennpapier auf ein Blech geben und die Brötchen mit etwas Abstand darauf ablegen	
20	Nochmals mit einem Pinsel mit der Natronlauge bepinseln	
21	Dann die fertig gelaugten Teiglinge mit einer scharfen Klinge oder einem scharfen Messer zwei Mal schräg einschneiden	
22	Bei Bedarf etwas Brezelsalz auf die Brötchen streuen	

23	Die Brötchen im vorgeheizten Backofen ca. 15 bis 20 Minuten goldbraun ausbacken	
24	Keinen Dampf verwenden, da sonst die Lauge abgespült wird	
25	Nach dem Backen die Brötchen im heißen Zustand mit etwas Wasser besprühen oder anpinseln. Dadurch bekommen sie einen schönen Glanz	
26	Die Laugenbrötchen nach dem Backen aus dem Ofen nehmen und auf einem Gitter auskühlen lassen	

3.2 Brotblume (Brötchen)

Besonders wenn Gäste kommen, hat man eine schöne Deko auf dem Tisch, welche auch noch verzehrt werden kann. Die einzelnen, zusammenhängenden Brötchen sehen aus wie eine große Blume. Beim Backen können sie jeweils mit einem anderen Gewürz bestreut werden. So ist für jeden Geschmack im Ring etwas dabei. Das kommt auf jeder Party gut an.

Abbildung 15: Brotblume

Brotblume	Zeiten	
Menge	**Einheit**	**Bemerkung**
50	Min	Arbeitszeit Teig
1	Std	Teig gehen lassen
40	Min	Backdauer

Abbildung 16: Brotblume verschieden bestreut

Hilfsmittel

Menge	Bezeichnung	Bemerkung	OK
1	Kühlschrank	Für Frische Backhefe, Milch, etc.	
1	Backofen	Für große Backbleche und mit mind. 250°C	
1	Großes Backblech	Für Backofen	
1	Großes Gitter	Für Backofen	
1	Großes Schneidbrett	Oder saubere Küchenarbeitsplatte	
1	Große Schüssel	Zum Teigkneten, mit Plastikdeckel	
1	Mittlere Plastikschüssel	Mit Plastikdeckel für den Kühlschrank	
1	Frischhaltefolie	Falls keine Schüssel mit Plastikdeckel vorhanden	
1	Plastiktüte/-sack	Falls keine Schüssel mit Plastikdeckel vorhanden	
2	Große Tassen	250 ml	
1	Messer	scharf, stabil	
1	Teelöffel	zum Dosieren	
1	Esslöffel	zum Dosieren	
1	Messbecher	Einteilung ml/g bis 1 Liter	
1	Backtrennpapier	Für großes Backblech	

Zutaten für 2 Brotblumen

Menge	Einheit	Zutat	Bemerkung	OK
500	g	Dinkelvollkornmehl	Oder Weizenvollkornmehl, fein gemahlen	
100	g	Dinkelmehl	Zum Bestreuen	
½	EL	Salz	ca. 12 g	
½	EL	Malzextrakt	z.B. von Morga (oder Backmalz, Aromamalz, Röstmalz, Malzmehl), max. 1 EL	
10	g	Frische Backhefe	Max 20 g	
½	TL	Rohrzucker	Oder Honig, Ahornsirup, Birnendicksaft	
3-4	EL	Leinsamen	Ganz oder geschrotet	
125	ml	Buttermilch	Oder Joghurt, Kefir	
50	ml	Buttermilch	Zum Bestreichen	
250	ml	Warmes (Mineral-)Wasser	Evtl. mehr nach Bedarf	
		Gewürze, Samen, etc.:	Nach Belieben, kleine Packungen und	
			geschrotet oder gemahlen	
			z.B. Sesam, Mohnsamen, Kümmel, Lein-	
			samen, Sonnenblumenkerne, Kürbiskerne,	
			Haferflocken, gelber Leinsamen,	
			ungeschälte Sesamsamen, etc.	

Brotblume	Zubereitung	
Schritt	**Vorgang**	**OK**
1	In der Tasse 3 bis 4 EL Leinsamen in 125 ml warmem Wasser 10 Minuten einweichen	
2	Die Hefe mit ½ TL Zucker in eine weitere Tasse geben und mit 125 ml warmem Wasser aufgießen	
3	3 bis 4 Minuten stehen lassen, bis sich die Hefe aufgelöst hat	
4	Das fein gemahlene Mehl in eine große Schüssel geben. Das Salz und der Malzextrakt untermischen	
5	Die aufgelöste Hefe, die eingeweichten Leinsamen und die 125 ml Buttermilch dazugeben	
6	Soviel vom warmen Wasser nach und nach dazugeben, bis beim Mischen ein weicher geschmeidiger Teig entsteht	
7	Den Teig nur kurz kneten, bis der Teig schön bindet und sich von der Schüssel löst. Je nach Feinheit des Mehles nimmt es mehr oder weniger Wasser auf	
8	Bei Zimmertemperatur ca. 1 Stunde gehen lassen. Dabei die Schüssel mit einem Plastikdeckel oder mit einer Frischhaltefolie abdecken	
9	Den Teig auf eine gut bemehlte Arbeitsfläche geben und etwas mit Mehl bestäuben	
10	In gleichmäßige Stücke teilen	
11	Kleine, runde Brötchen daraus formen, indem man den Teig etwas einschlägt und dann zu einem runden Brötchen schleift	
12	Ein Backblech aus dem Ofen nehmen und mit Backtrennpapier belegen	
13	Den Backofen auf 250°C vorheizen	
14	Die Brötchen mit einem ½ Zentimeter Abstand zueinander aufs Blech setzen (wachsen beim Backen zusammen), sodass eine Blume entsteht	
15	Die Teigmenge reicht für 2 Brotblumen oder für ca. 14 bis 15 einzelne Brötchen, je nach Größe	
16	Die Brötchen mit etwas Buttermilch bestreichen und nach Wunsch mit den verschiedenen Samen und Nüssen bestreuen	
17	Eventuell mit dem Messer einschneiden	
18	Sofort in den auf 250°C vorgeheizten Backofen schieben. Mittlere Schiene	
19	Bei Ober- und Unterhitze ca. 20 Minuten backen, bis eine schöne Farbe entstanden ist	

20	Dann die Hitze auf 220°C reduzieren und ca. 20 Minuten weiterbacken, bis die Rinde die gewünschte Kruste bekommen hat	
21	Die Brotblume nach dem Backen aus dem Ofen nehmen und auf einem Gitter auskühlen lassen	

3.3   Brötchen mit dreierlei Füllung

Tipp: Wer den Sauerteigansatz (Natursauerteig-Anstellgut) nicht selber machen möchte (siehe spezielles Rezept am Ende des Buches), kann sich diesen beim Bäcker des Vertrauens besorgen. Noch schneller geht es, ganz auf den Sauerteig zu verzichten: Dafür 150 g Mehl und 150 g Wasser zum Hauptteig geben. Den Hefeanteil dann von 2 auf 8 g erhöhen.

Tipp: Man kann statt dem Hartweizenmehl auch Mehl vom Typ 1050 und Mehl vom Typ 550 im Verhältnis 1:1 mischen. Wer eine Getreidemühle besitzt, kann Hartweizengrieß (Nudelmehl) zu feinem Mehl vermahlen.

Abbildung 17: Brötchen mit dreierlei Füllung

Brötchen	Zeiten	
Menge	**Einheit**	**Bemerkung**
1	Std	Arbeitszeit Teig
15	Std	Teig gehen lassen
25	Min	Backdauer

Abbildung 18: Brötchen auf Vesperbrett

Hilfsmittel

Menge	Bezeichnung	Bemerkung	OK
1	Kühlschrank	Für Frische Backhefe, Vorteig, etc.	
1	Backofen	Für große Backbleche und mit mind. 250°C	
2	Große Backbleche	Für Backofen	
1	Großes Gitter	Für Backofen	
1	Großes Schneidbrett	Oder saubere Küchenarbeitsplatte	
1	Große Schüssel	Zum Teigkneten, mit Plastikdeckel. Hauptteig	
1	Mittlere Plastikschüssel	Zum Teigkneten, mit Plastikdeckel. Vorstufen	
1	Frischhaltefolie	Falls keine Schüssel mit Plastikdeckel vorhanden	
1	Plastiktüte/-sack	Falls keine Schüssel mit Plastikdeckel vorhanden	
1	Feuerfeste Schüssel	Zum mit in den Backofen stellen, mit altem Besteck o.ä.	
1	Große Tasse	250 ml	
1	Messer	scharf, stabil	
1	Teelöffel	zum Dosieren	
1	Esslöffel	zum Dosieren	
1	Messbecher	Einteilung ml/g bis 1 Liter	
1	Backtrennpapier	Für großes Backblech	

Zutaten für 18 Brötchen

Menge	Einheit	Zutat	Bemerkung	OK
		Zutaten für einen 2 Stufen-Sauerteig:		
		1. Stufe:		
50	g	Weizenmehl	Typ 700	
5	g	Natursauerteig-Anstellgut	Zubereitung siehe spezielles Rezept im Buch	
50	ml	Warmes (Mineral-)Wasser		
		2. Stufe:		
100	g	Weizenmehl		
100	ml	Warmes (Mineral-)Wasser		
		Für den Hauptteig:		
500	g	Hartweizenmehl	Fein gemahlen (Nudelmehl)	
50	g	Weizenmehl	Zum Bestreuen	
350	g	Weizenmehl	Typ 700	
60	g	Semmelbrösel		
1	EL	Salz	ca. 26 g	
2	g	Frische Backhefe		
600	ml	Kaltes (Mineral-)Wasser	Evtl. auch etwas mehr	
		Für die Füllung:		
60	g	Tomaten	Getrocknet	
60	g	Oliven	Schwarz oder grün	
40	g	Röstzwiebeln		

Zubereitung

Schritt	Vorgang	OK
1	**1. Stufe:**	
2	Die 50g Weizenmehl mit dem Wasser und dem Anstellgut in der mittleren Schüssel vermischen und abgedeckt 10 bis 12 Stunden an einem warmen Ort ruhen lassen	
3	**2. Stufe:**	
4	Danach die 100g Weizenmehl und Wasser zusätzlich in die Schüssel geben und gut vermischen. Abgedeckt weitere 2 ½ bis 3 Stunden ruhen lassen.	
5	**Hauptteig:**	
6	Die 500g Hartweizenmehl, Weizenmehl, Semmelbrösel und das Wasser in die große Schüssel geben und gut vermischen. Abgedeckt 1 Stunde ruhen lassen.	
7	Anschließend Hefe, Salz und den Teig aus der mittleren Schüssel in die große Schüssel zufügen und zu einem glatten, elastischen Teig durchkneten	
8	Den Teig abgedeckt 2 Stunden an einem warmen Ort gehen lassen	
9	In der Zwischenzeit die Tomaten und die Oliven getrennt klein würfeln	
10	Nach der Hälfte der Zeit die Teige von allen Seiten mit nassen Händen etwas hochziehen und übereinanderlegen (ziehen und falten)	
11	Nach den 2 Stunden den Teig auf die gut bemehlte Arbeitsplatte legen und in 3 Portionen teilen	
12	Unter eine Portion die Tomaten kneten (jeweils auf der Arbeitsplatte)	
13	Die Röstzwiebeln unter eine weitere Portion kneten	
14	Die Oliven unter das letzte Drittel kneten	
15	Jedes Drittel in jeweils 6 Teile teilen und zu runden Brötchen formen	
16	Einzeln auf ein mit Backtrennpapier belegtes Blech legen	
17	Das sollte dann 2 Bleche füllen	
18	Die Brötchen gut abgedeckt an einem kühlen Ort oder im Kühlschrank (wenn groß genug?) über Nacht gehen lassen	
19	Am nächsten Tag den Backofen mit Ober-/Unterhitze auf 250°C vorheizen	
20	Dabei eine ofenfeste Schale mit altem Besteck (Schrauben gehen auch) oder mit Steinen füllen und miterhitzen	
21	Die Brötchen auf dem ersten Blech im vorgeheizten Backofen 10 Minuten backen	

22	Dann den Backofen kurz öffnen und etwa 1/8 L Wasser auf das erhitzte Besteck gießen, damit sich Dampf bildet	
23	Sofort die Türe wieder schließen	
24	Dann die Temperatur auf 220°C reduzieren und die Brötchen weitere 15 bis 20 Minuten fertig backen	
25	Die Brötchen nach dem Backen aus dem Ofen nehmen und auf einem Gitter auskühlen lassen	
26	Den Ofen wieder auf 250°C hochheizen	
27	Jetzt das zweite Blech in den Ofen schieben und gleich verfahren (wie ab Punkt 21)	

3.4 Spitzbrötchen

Diese Brötchen eignen sich sehr gut für ein Buffet (Party-Brötchen). Die Größe und der Geschmack der einzelnen Brötchen, lässt sich je nach Laune und späterer Verwendung festlegen. In der Schweiz reicht man die gerne zum Apéro.

Abbildung 19: Spitzbrötchen

Spitzbrötchen	Zeiten	
Menge	**Einheit**	**Bemerkung**
30	Min	Arbeitszeit Teig
2	Std	Teig gehen lassen
20	Min	Backdauer

Abbildung 20: Spitzbrötchen dekoriert

Spitzbrötchen		**Hilfsmittel**	
Menge	**Bezeichnung**	**Bemerkung**	**OK**
1	Kühlschrank	Für Frische Backhefe, etc.	
1	Backofen	Für große Backbleche und mit mind. 250°C	
1	Großes Backblech	Für Backofen	
1	Großes Gitter	Für Backofen	
1	Großes Schneidbrett	Oder saubere Küchenarbeitsplatte	
1	Große Schüssel	Zum Teigkneten, mit Plastikdeckel	
1	Frischhaltefolie	Falls keine Schüssel mit Plastikdeckel vorhanden	
1	Plastiktüte/-sack	Falls keine Schüssel mit Plastikdeckel vorhanden	
1	Große Tasse	250 ml	
1	Messer	scharf, stabil	
1	Teelöffel	zum Dosieren	
1	Esslöffel	zum Dosieren	
1	Messbecher	Einteilung ml/g bis 1 Liter	
1	Backtrennpapier	Für großes Backblech	

			Zutaten für 25 bis 30 kleine Brötchen	
Menge	**Einheit**	**Zutat**	**Bemerkung**	**OK**
400	g	Weizenmehl	Typ 700	
100	g	Weizenvollkornmehl		
100	g	Weizenmehl	Zum Bestreuen	
½	EL	Salz	ca. 12 g	
10	g	Frische Backhefe		
½	EL	Malzextrakt		
300	ml	Warmes (Mineral-)Wasser	Evtl. auch mehr, je nach Mehlsorte	
		Gewürze, Samen, etc.:	Nach Belieben, kleine Packungen und	
			geschrotet oder gemahlen	
			z.B. Sesam, Mohnsamen, Kümmel, Lein-	
			samen, Sonnenblumenkerne, Kürbiskerne,	
			Haferflocken, gelber Leinsamen,	
			ungeschälte Sesamsamen, etc.	

Spitzbrötchen	Zubereitung		
Schritt	**Vorgang**		**OK**
1	Zuerst 300 ml Wasser in die große Schüssel geben und die Hefe darin etwas auflösen		
2	Alle anderen Zutaten dazugeben und daraus einen geschmeidigen Teig kneten		
3	Sollte der Teig zu fest sein, noch mehr vom Wasser einarbeiten		
4	Den Teig solange kneten, bis er sich etwas von der Schüssel löst. Er sollte nicht zu fest sein		
5	Nun den Teig gut abgedeckt 1 bis 2 Stunden bei Zimmertemperatur gehen lassen		
6	Den gegangenen Teig vorsichtig auf die bemehlte Arbeitsfläche geben und in 8 Stücke teilen		
7	Den Backofen auf 250° C vorheizen		
8	Jedes Stück mit der Hand einschlagen, sodass der Teig etwas Spannung bekommt und dann zu einem Strang ausrollen. Der Strang sollte ca. 3 bis 4 cm dick sein		
9	Mit einem Messer nun schräg zum Strang hin spitze Teile abschneiden		
10	Diese vorsichtig auf ein mit Backtrennpapier belegtes Blech legen		
11	Man kann diese Brötchen ohne Belag backen		
12	Oder man besprüht sie mit etwas Wasser und bestreut sie mit verschiedenen Samen und Nüssen (Sesamsamen, Sonnenblumenkerne, Mohn, Leinsamen usw.)		
13	Im vorgeheizten Ofen bei 250°C 15 bis 20 Minuten goldbraun backen		
14	Die Brötchen nach dem Backen aus dem Ofen nehmen und auf einem Gitter etwas auskühlen lassen		
15	Die lauwarmen Brötchen in einem Korb schön arrangieren und frisch servieren		

3.5   Burger-Buns mit Kartoffeln

Jetzt backen wir mit Dinkelmehl und Kartoffeln. Die Brötchen sind durch die Kartoffeln innen etwas feuchter und haben eine besondere Geschmacksnote. Besonders zum herzhaften Vesper sehr lecker.

Abbildung 21: Burger-Buns im Korb

Burger-Buns		Zeiten
Menge	**Einheit**	**Bemerkung**
50	Min	Arbeitszeit Teig
30	Min	Kochzeit Kartoffeln
2	Std	Teig gehen lassen
30	Min	Backdauer

Abbildung 22: Burger-Buns auf dem Gitter

Burger-Buns		**Hilfsmittel**		
Menge	**Bezeichnung**	**Bemerkung**		**OK**
1	Kühlschrank	Für Frische Backhefe, Ei, etc.		
1	Backofen	Für große Backbleche und mit mind. 250°C		
1	Großes Backblech	Für Backofen		
1	Großes Gitter	Für Backofen		
1	Großes Schneidbrett	Oder saubere Küchenarbeitsplatte		
1	Große Schüssel	Zum Teigkneten, mit Plastikdeckel		
1	Mittlere Plastikschüssel	Mit Plastikdeckel		
1	Frischhaltefolie	Falls keine Schüssel mit Plastikdeckel vorhanden		
1	Plastiktüte/-sack	Falls keine Schüssel mit Plastikdeckel vorhanden		
1	Große Tasse	250 ml		
1	Messer	scharf, stabil		
1	Teelöffel	zum Dosieren		
1	Esslöffel	zum Dosieren		
1	Messbecher	Einteilung ml/g bis 1 Liter		
1	Küchensieb	Zum Abgießen des Kochwassers der Kartoffeln		
1	Großer Kochtopf	Zum Kochen der Kartoffeln		
1	Backtrennpapier	Für großes Backblech		

Zutaten für 4-8 Burger-Buns

Menge	Einheit	Zutat	Bemerkung	OK
400	g	Dinkel-Vollkornmehl		
350	g	Dinkelmehl	Hell	
250	g	Kartoffeln	Mehlige Sorte	
50	ml	Agavendicksaft	Oder Honig	
40	ml	Olivenöl		
30	g	Frische Backhefe		
1	EL	Salz	ca. 20 g	
450	ml	Warmes (Mineral-)Wasser		
1	Stk	Ei	Nur das Eigelb	
50	g	Sesam	Zum Bestreuen	

Burger-Buns	Zubereitung	
Schritt	**Vorgang**	**OK**
1	Die Kartoffeln in einen großen Topf geben und mit Wasser auffüllen bis bedeckt	
2	Ca. 30 Minuten kochen. Vorsicht, dass Wasser nicht alles verdunstet, sonst nachfüllen	
3	Das Wasser im Topf über ein Sieb abgießen	
4	Kartoffeln schälen und in großer Schüssel zerdrücken. Danach abkühlen lassen	
5	Hefe mit 5 EL Wasser in ein Tasse geben und auflösen lassen	
6	Die 450 ml Wasser und die Hefe zu den Kartoffeln in die Schüssel geben	
7	Das Mehl, Salz, Agavendicksaft und Olivenöl ebenso dazugeben	
8	Alle Zutaten nur kurz kneten und gut abgedeckt 1 bis 2 Stunden bei Zimmertemperatur gehen lassen	
9	Den gegangenen Teig vorsichtig auf die bemehlte Arbeitsfläche geben	
10	Danach den Teig in gleich schwere Teile teilen (ca.100 g bis 110 g)	
11	Die einzelnen Teile rund zu Brötchen formen	
12	Die Brötchen auf ein mit Backtrennpapier belegtes Blech setzen und leicht flach drücken	
13	Den Backofen auf 200° C vorheizen	
14	Nochmals kurz auf dem Blech gehen lassen. Die Teiglinge dabei mit einer Frischhaltefolie abdecken	
15	Ein Eigelb mit etwas Wasser verquirlen und die Brötchen damit bestreichen	
16	Mit Sesam bestreuen und im vorgeheizten Ofen bei 200°C, Unter- und Oberhitze, ca. 20 bis 30 Minuten backen	
17	Die Buns nach dem Backen aus dem Ofen nehmen und auf einem Gitter auskühlen lassen	

4 Allerlei

4.1 Zopf

Der Zopf ist universell einsetzbar. Je nachdem wieviel Zucker man verwendet, ist er eher süß oder neutral. Süß eher zum Frühstück mit Honig oder Marmelade, bei Kindern auch Nussnougatcreme. Die neutrale Version kann hingegen mit fast allen Beilagen belegt werden, oder eben auch nur zum Eintauchen in den Kaffee oder Kakao.

Abbildung 23. Zopf auf dem Backblech

Zopf	**Zeiten**	
Menge	**Einheit**	**Bemerkung**
30	Min	Arbeitszeit Teig
2,5	Std	Teig gehen lassen
40	Min	Backdauer

Abbildung 24: Zopf auf dem Gitter

Zopf		Hilfsmittel		
Menge	**Bezeichnung**	**Bemerkung**		**OK**
1	Kühlschrank	Für Frische Backhefe, Milch, Eier, etc.		
1	Backofen	Für große Backbleche und mit mind. 250°C		
1	Küchenmaschine	Mit Knetschüssel für den Teig		
1	Großes Backblech	Für Backofen		
1	Großes Gitter	Für Backofen		
1	Großes Schneidbrett	Oder saubere Küchenarbeitsplatte		
1	Große Schüssel	Zum Teigkneten, mit Plastikdeckel		
1	Mittlere Plastikschüssel	Mit Plastikdeckel für den Kühlschrank		
1	Frischhaltefolie	Falls keine Schüssel mit Plastikdeckel vorhanden		
1	Plastiktüte/-sack	Falls keine Schüssel mit Plastikdeckel vorhanden		
1	Große Tasse	250 ml		
1	Messer	scharf, stabil		
1	Teelöffel	zum Dosieren		
1	Esslöffel	zum Dosieren		
1	Messbecher	Einteilung ml/g bis 1 Liter		
1	Backtrennpapier	Für großes Backblech		
1	Backpinsel	Zum Bestreichen		

Zutaten für 1 oder 2 kleine Zöpfe

Menge	Einheit	Zutat	Bemerkung	OK
500	g	Mehl	Am besten Zopfmehl, Dinkel geht auch	
100	g	Mehl	Zum Bestreuen	
100	g	Butter	Oder Margarine, weich oder geschmolzen	
200	ml	Milch	Lauwarm, evtl. auch etwas mehr	
1½	EL	Zucker	ca. 40 g	
2	Stk	Eier		
20	g	Frische Backhefe		
1	Pkg	Vanillezucker		
1	TL	Salz		
		Für den Überzug		
		(Eistreiche):		
1	Stk	Ei		
2	EL	Milch		
1	Prise	Salz		

Zopf	Zubereitung	
Schritt	**Vorgang**	**OK**
1	Die Hefe mit etwas von der lauwarmen Milch und 1 TL Zucker in einer Tasse verrühren	
2	Einige Minuten stehen lassen, bis die Hefe etwas aufgegangen ist	
3	Das Mehl, Salz, Eier, Zucker, Vanillezucker, die Hefe und die Milch in die Schüssel der Küchenmaschine geben	
4	Nur kurz zusammen rühren	
5	Dann erst die weiche Butter oder Margarine dazu geben	
6	6 bis 7 Minuten kneten, bis ein schöner, geschmeidiger Teig entstanden ist	
7	Maschine ausschalten und Schüssel auf Arbeitsplatte stellen	
8	Nochmals kurz mit der Hand durchkneten	
9	Den Teig nun gut abgedeckt ca. 1 bis 1½ Stunden bei Zimmertemperatur gehen lassen	
10	Danach sollte er sich verdoppelt haben	
11	Nun den Teig auf die bemehlte Arbeitsfläche legen, vierteln und 4 Stränge von ca. 35 cm Länge formen, die an den Enden spitz zulaufen	
12	Dabei mit viel Druck aus den Handflächen arbeiten und weite Ausrollbewegungen nach vorn und hinten machen	
13	Aus 2 Strängen, die man übers Kreuz (X) legt, einen Vierer-Zopf flechten	
14	Aus den anderen 2 Strängen einen zweiten Zopf flechten	
15	Wenn man einen großen Zopf herstellen möchte, den Teig in 2 Stücke teilen und einen Zopf daraus flechten	
16	Man kann auch aus 3 Strängen einen Zopf flechten	
17	Die Enden der Stränge zusammengedrückt unter die Zopfspitze schieben	
18	Das Backblech mit Backtrennpapier auslegen und die Stränge darauflegen	
19	Abgedeckt ca. 1 Stunde reifen lassen	
20	Den Backofen auf 180° C vorheizen	
21	Für den Überzug (Eistreiche) 1 Ei, 2 EL Milch und 1 Prise Salz in einer Tasse verrühren	
22	Dann den Zopf mit der Eistreiche bestreichen und ca. 35 bis 40 Minuten bei 180°C backen	
23	Den Zopf nach dem Backen aus dem Ofen nehmen und auf einem Gitter auskühlen lassen	

4.2 Zopf mit langer Teigführung

Eine andere Variante des Zopfs mit einer langen Teigführung, d.h. man lässt den Teig länger gehen/ruhen, was natürlich auch zu einer längeren Zubereitungszeit führt. Wir reden hier von plus 24 Stunden (!) für die lange Teigführung, zusätzlich zur Zubereitung. Und dem Aufwand, immer nach 8 Stunden den Teig etwas zu bearbeiten. Wir reduzieren dadurch den Einsatz von Hefe im Teig von 20 g auf 1 g.

Abbildung 25: Zopf mit langer Teigführung

Zopf mit langer Teigführung	Zeiten	
Menge	Einheit	Bemerkung
40	Min	Arbeitszeit Teig
25	Std	Teig gehen lassen
40	Min	Backdauer

Abbildung 26: Zopf schön eingepinselt und gebacken

Hilfsmittel

Menge	Bezeichnung	Bemerkung	OK
1	Kühlschrank	Für Frische Backhefe, Milch, Eier, etc.	
1	Backofen	Für große Backbleche und mit mind. 250°C	
1	Küchenmaschine	Mit Knetschüssel für den Teig	
1	Großes Backblech	Für Backofen	
1	Großes Gitter	Für Backofen	
1	Großes Schneidbrett	Oder saubere Küchenarbeitsplatte	
1	Große Schüssel	Zum Teigkneten, mit Plastikdeckel	
1	Mittlere Plastikschüssel	Mit Plastikdeckel für den Kühlschrank	
1	Frischhaltefolie	Falls keine Schüssel mit Plastikdeckel vorhanden	
1	Plastiktüte/-sack	Falls keine Schüssel mit Plastikdeckel vorhanden	
1	Große Tasse	250 ml	
1	Messer	scharf, stabil	
1	Teelöffel	zum Dosieren	
1	Esslöffel	zum Dosieren	
1	Messbecher	Einteilung ml/g bis 1 Liter	
1	Backtrennpapier	Für großes Backblech	
1	Backpinsel	Zum Bestreichen	

Zutaten für 1 Zopf

Menge	Einheit	Zutat	Bemerkung	OK
500	g	Mehl	Am besten Zopfmehl, Dinkel geht auch	
100	g	Dinkelmehl	Zum Bestreuen	
100	g	Butter	Oder Margarine, weich oder geschmolzen	
200	ml	Milch	Lauwarm, evtl. auch etwas mehr	
1½	EL	Zucker	ca. 40 g	
2	Stk	Eier		
1	g	Frische Backhefe		
1	Pkg	Vanillezucker		
1	TL	Salz		
		Für den Überzug		
		(Eistreiche):		
1	Stk	Ei		
2	EL	Milch		
1	Prise	Salz		

Zubereitung

Schritt	Vorgang	OK
1	Das Mehl, Salz, Eier, Zucker, Vanillezucker, die Hefe und die Milch in die Schüssel der Küchenmaschine geben	
2	Nur kurz zusammen rühren	
3	Dann erst die weiche Butter oder Margarine dazu geben	
4	6 bis 7 Minuten kneten, bis ein schöner, geschmeidiger Teig entstanden ist	
5	Maschine ausschalten und Schüssel auf Arbeitsplatte stellen	
6	Die Schüssel mit einem Deckel, Frischhaltefolie oder Abdeckhaube zudecken	
7	Auf der Teigoberfläche sollte sich keine Haut bilden	
8	Den Teig abgedeckt ca. 8 Stunden bei Zimmertemperatur (18 bis 20°C) ruhen lassen	
9	Lieber kühler als zu warm ruhen lassen	
10	Danach wird der Teig aufgezogen, also gedehnt und gefaltet	
11	Den Teig abgedeckt weitere ca. 8 Stunden bei Zimmertemperatur (18 bis 20°C) ruhen lassen	
12	Danach wieder den Teig aufziehen, also dehnen und falten	
13	Den Teig abgedeckt weitere ca. 8 Stunden bei Zimmertemperatur (18 bis 20°C) ruhen lassen	
14	Den Teig nun schonend auf die bemehlte Arbeitsfläche geben	
15	Den Teig vierteln und 4 Stränge von ca. 35 cm Länge formen, die an den Enden spitz zu-laufen	
16	Dabei mit viel Druck aus den Handflächen arbeiten und weite Ausrollbewegungen nach vorn und hinten machen	
17	Aus 2 Strängen, die man übers Kreuz (X) legt, einen Vierer-Zopf flechten	
18	Aus den anderen 2 Strängen einen zweiten Zopf flechten	
19	Wenn man einen großen Zopf herstellen möchte, den Teig in 2 Stücke teilen und einen Zopf daraus flechten	
20	Man kann auch aus 3 Strängen einen Zopf flechten	
21	Die Enden der Stränge zusammengedrückt unter die Zopfspitze schieben	
22	Den geflochtenen Zopf auf ein mit Backtrennpapier belegtes Blech legen	
23	Abgedeckt ca. 1 Stunde gehen lassen bis er sich ca. verdoppelt hat	

24	Den Backofen auf 180° C vorheizen	
25	Für den Überzug (Eistreiche) 1 Ei, 2 EL Milch und 1 Prise Salz in einer Tasse verrühren	
26	Dann den Zopf mit der Eistreiche bestreichen und ca. 35 bis 40 Minuten bei 180°C backen	
27	Den Zopf nach dem Backen aus dem Ofen nehmen und auf einem Gitter auskühlen lassen	

4.3   Focaccia

Über Focaccia kann man lesen, es sei ein ligurisches Fladenbrot. Die Ursprünge sollen bis ins Altertum zurück reichen. Das Rezept ist nicht besonders anspruchsvoll, bringt aber ein hervorragendes Resultat hervor. Wenn man bei jedem Backen andere Gewürze aufstreut, ist die Abwechslung perfekt.

Abbildung 27: Focaccia mit bunten Zugaben

Focaccia	Zeiten	
Menge	**Einheit**	**Bemerkung**
30	Min	Arbeitszeit Teig
3	Std	Teig gehen lassen
25	Min	Backdauer

Abbildung 28: Focaccia rund gebacken

Focaccia		**Hilfsmittel**	
Menge	**Bezeichnung**	**Bemerkung**	**OK**
1	Kühlschrank	Für Frische Backhefe, etc.	
1	Backofen	Für große Backbleche und mit mind. 250°C	
1	Küchenmaschine	Mit Knetschüssel für den Teig	
1	Großes Backblech	Für Backofen	
1	Großes Gitter	Für Backofen	
1	Großes Schneidbrett	Oder saubere Küchenarbeitsplatte	
1	Große Schüssel	Zum Teigkneten, mit Plastikdeckel	
1	Mittlere Plastikschüssel	Mit Plastikdeckel für den Kühlschrank (Vorteig)	
1	Frischhaltefolie	Falls keine Schüssel mit Plastikdeckel vorhanden	
1	Plastiktüte/-sack	Falls keine Schüssel mit Plastikdeckel vorhanden	
1	Große Tasse	250 ml	
1	Messer	scharf, stabil	
1	Teelöffel	zum Dosieren	
1	Esslöffel	zum Dosieren	
1	Messbecher	Einteilung ml/g bis 1 Liter	
1	Backtrennpapier	Für großes Backblech	
1	Backpinsel	Zum Bestreichen	

Zutaten für 1 Brot

Menge	Einheit	Zutat	Bemerkung	OK
500	g	Weizenmehl	Typ 700	
100	g	Dinkelmehl	Zum Bestreuen	
½	EL	Salz	ca. 12 g	
20	g	Frische Backhefe		
2	EL	Olivenöl	In den Teig	
1	EL	Olivenöl	Zum Bestreichen	
300	ml	Warmes (Mineral-)Wasser	Evtl. auch etwas mehr	
		Gewürze, etc.:	Nach Belieben,	
			z.B. Tomaten, Oliven, Mozzarella, Salz,	
			Pfeffer, karamellisierte Zwiebeln,	
			evtl. mediterrane Gewürzmischung	

Focaccia	Zubereitung	
Schritt	**Vorgang**	**OK**
1	Zuerst das Wasser und dann alle anderen Zutaten in die Schüssel der Küchenmaschine geben	
2	Einen geschmeidigen, nicht zu festen Teig daraus kneten (8 bis 10 Minuten)	
3	Kann sein, dass der Teig noch etwas mehr Wasser benötigt, er sollte nicht zu fest sein	
4	Den Teig gut abgedeckt ca. 1 bis 2 Stunden in der Schüssel gehen lassen	
5	Nach dem Gehen den Teig vorsichtig aus der Schüssel auf ein mit Mehl bestäubtes Backtrennpapier auf der Arbeitsplatte geben	
6	Mit etwas Olivenöl bestreichen	
7	Mit den Fingern in die Breite drücken, damit der Teig eine runde oder eckige Form bekommt	
8	Wenn der Teig sich nicht mehr weiterziehen lässt, muss er wieder etwas entspannen	
9	Man legt eine Frischhaltefolie auf den Teig und lässt ihn wieder ruhen (entspannen)	
10	Dann lässt er sich wieder besser formen	
11	Den geformten Teig etwa eine halbe Stunde abgedeckt gehen lassen	
12	Den Belag auf dem Teig verteilen und mit den Fingerspitzen eindrücken	
13	Nun den Teig nochmals eine halbe Stunde gehen lassen	
14	Den Backofen auf 230° C vorheizen	
15	Das Backtrennpapier mit dem Teig auf das Backblech schieben	
16	Mit etwas Salz und Pfeffer oder anderen Gewürzen bestreuen und dann sofort backen	
17	Backen im unteren Drittel des Ofens bei 230°C ca. 20 bis 25 Minuten	
18	Das Brot nach dem Backen aus dem Ofen nehmen und auf einem Gitter auskühlen lassen	

4.4 Focaccia (luftig-locker)

Diese Variante wird durch ihre Zutaten besonders luftig und locker. Und das, obwohl nur halb so viel Hefe zum Einsatz kommt. Das Mehl ist allerdings auch ein anderes.

Abbildung 29: Focaccia in der Backform

Focaccia luftig-locker	**Zeiten**	
Menge	**Einheit**	**Bemerkung**
50	Min	Arbeitszeit Teig
3	Std	Teig gehen lassen
20	Min	Backdauer

Abbildung 30: Focaccia luftig-locker

Focaccia luftig-locker		**Hilfsmittel**	
Menge	**Bezeichnung**	**Bemerkung**	**OK**
1	Kühlschrank	Für Frische Backhefe, Vorteig, etc.	
1	Backofen	Für große Backbleche und mit mind. 250°C	
1	Großes Backblech	Für Backofen	
1	Großes Gitter	Für Backofen	
1	Großes Schneidbrett	Oder saubere Küchenarbeitsplatte	
1	Große Schüssel	Zum Teigkneten, mit Plastikdeckel	
1	Mittlere Plastikschüssel	Mit Plastikdeckel für den Kühlschrank	
1	Frischhaltefolie	Falls keine Schüssel mit Plastikdeckel vorhanden	
1	Plastiktüte/-sack	Falls keine Schüssel mit Plastikdeckel vorhanden	
1	Backform rund (32 cm)	Oder rechteckig ca. 38x25 cm	
1	Große Tasse	250 ml	
1	Messer	scharf, stabil	
1	Teelöffel	zum Dosieren	
1	Esslöffel	zum Dosieren	
1	Messbecher	Einteilung ml/g bis 1 Liter	
1	Backkelle	Zum Teigrühren	
1	Backtrennpapier	Für großes Backblech	
1	Backpinsel	Zum Bestreichen	

Zutaten für 1 Brot

Menge	Einheit	Zutat	Bemerkung	OK
500	g	Italienisches Mehl	Typ 00	
½	EL	Salz	ca. 12 g	
8-10	g	Frische Backhefe	Oder 3-4 g Trockenhefe	
1	EL	Zucker	Oder Honig	
2	EL	Olivenöl	In den Teig	
400	ml	Warmes (Mineral-)Wasser	Evtl. auch etwas mehr	
1	EL	Olivenöl	Zum Bestreichen	
		Gewürze, etc.:	Nach Belieben,	
			z.B. Tomaten, Oliven, Mozzarella,	
			Pfeffer, karamellisierte Zwiebeln,	
			Oregano, Rosmarin, Salzflocken,	
			evtl. mediterrane Gewürzmischung	

Schritt	Vorgang	OK
	Focaccia luftig-locker **Zubereitung**	
1	Von dem Wasser etwas in eine Tasse geben und mit der Hefe und dem Zucker verrühren	
2	Kurz gehen lassen	
3	Das Mehl und die gegangene Hefe in eine Schüssel geben	
4	So viel vom Wasser dazugeben, dass beim Mischen ein weicher, lockerer Teig entsteht	
5	Nicht kneten, sondern nur mit einer Kelle den Teig grob vermischen	
6	Dann das Salz und 2 EL Öl dazugeben und mit der Kelle rühren, bis sich das ÖL mit dem Teig verbunden hat	
7	Der Teig ist klebrig, weich und klumpig	
8	Nun die Schüssel gut zudecken und ca. 30 Minuten gehen lassen	
9	Danach den Teig mit einer Kelle oder den Händen dehnen und falten	
10	Dabei den Teig von einer Seite mit der Kelle, oder mit den geölten Händen, hochziehen und dann wieder zurücklegen	
11	Von allen Seiten mehrere Male dehnen und falten	
12	Wieder zudecken und insgesamt 1 bis 2 Stunden gehen lassen, bis der Teig sich verdoppelt hat	
13	Dadurch bekommt der Teig eine schöne, glatte Konsistenz	
14	Diesen Vorgang (dehnen und falten) zwischen dem Gehen wiederholen, bis der Teig glatt und geschmeidig ist	
15	Eine runde Form (32er) oder eine rechteckige Form (38x25 cm) einölen	
16	Den Teig locker in die Form gleiten lassen	
17	Etwas flach drücken und die Oberfläche mit etwas Öl bestreichen	
18	Eine Klarsichtfolie auf den Teig legen und ein Tuch darüberlegen	
19	30 bis 40 Minuten gehen lassen	
20	Den Ofen auf 250°C vorheizen	
21	Dann mit den Fingern eindrücken und so in die Größe der Form bringen	
22	Die Luft sollte dabei so gut wie möglich erhalten bleiben	
23	Nochmals mit Olivenöl einstreichen und mit Salzflocken und getrocknetem Oregano oder Rosmarin bestreuen	

24	Das Brot in der Backform auf das Gitter stellen und auf die mittlere Schiene einschieben	
25	15 bis 20 Minuten backen, bis die Rinde schön goldbraun ist	
26	Außen knusprig und innen weich und fluffig	
27	Das Brot nach dem Backen aus dem Ofen nehmen und auf einem Gitter auskühlen lassen	

4.5   Käsestangen

Die gehören ja fast zu jeder Party. Der Geschmack lässt sich beim Backen individuell prägen. Setzt man auch noch etwas Chili ein, so steigert das bestimmt den Durst der Gäste.

Abbildung 31: Käsestangen auf dem Vesperbrett

Käsestangen		Zeiten
30	Min	Arbeitszeit Teig
1	Std	Teig gehen lassen
20	Min	Backdauer

Abbildung 32: Käsestangen im Partyglas

Käsestangen	**Hilfsmittel**		
Menge	**Bezeichnung**	**Bemerkung**	**OK**
1	Kühlschrank	Für Frische Backhefe, Milch, etc.	
1	Backofen	Für große Backbleche und mit mind. 250°C	
1	Großes Backblech	Für Backofen	
1	Großes Gitter	Für Backofen	
1	Großes Schneidbrett	Oder saubere Küchenarbeitsplatte	
1	Große Schüssel	Zum Teigkneten, mit Plastikdeckel	
1	Mittlere Plastikschüssel	Mit Plastikdeckel für den Kühlschrank	
1	Frischhaltefolie	Falls keine Schüssel mit Plastikdeckel vorhanden	
1	Plastiktüte/-sack	Falls keine Schüssel mit Plastikdeckel vorhanden	
1	Große Tasse	250 ml	
1	Messer	scharf, stabil	
1	Schere	Evtl. statt Messer	
1	Teelöffel	zum Dosieren	
1	Esslöffel	zum Dosieren	
1	Messbecher	Einteilung ml/g bis 1 Liter	
1	Backtrennpapier	Für großes Backblech	
1	Backpinsel	Zum Bestreichen	

Zutaten für 5 bis 10 Stangen

Menge	Ein-heit	Zutat	Bemerkung	OK
500	g	Dinkelvollkornmehl	Oder 300g Dinkelvollkornmehl und 200g helles Dinkelmehl gemischt	
100	g	Dinkelmehl	Zum Bestreuen	
10	g	Frische Backhefe		
½	EL	Salz	ca. 12 g	
1	TL	Zucker	Oder Honig	
½	EL	Backmalz		
125	ml	Buttermilch	Oder Joghurt für in den Teig	
50	ml	Buttermilch	Zum Bestreichen	
125	ml	Warmes (Mineral-)Wasser		
200-300	ml	Warmes (Mineral-)Wasser	Evtl. auch etwas mehr, je nach Mehl	
		Gewürze, Samen, etc.:	Nach Belieben, kleine Packungen und	
			geschrotet oder gemahlen	
			z.B. geriebener Käse, Paprikapulver,	
			Kümmel, Chili-Pulver	

Käsestangen	Zubereitung	
Schritt	**Vorgang**	**OK**
1	Die Hefe mit dem Zucker oder Honig und 125 ml Wasser in eine Tasse geben und einige Minuten stehen lassen	
2	Die 250 ml Wasser, 125 ml Buttermilch und die übrigen Zutaten mit der Hefe in eine große Schüssel geben. Nach und nach noch etwas Wasser dazugeben, bis der Teig eine gute Konsistenz bekommt	
3	Kurz zusammen kneten, bis der Teig eine schöne Bindung hat	
4	Die Schüssel gut abdecken. Mit Deckel oder Frischhaltefolie und den Teig ca. eine Stunde bei Raumtemperatur gehen lassen	
5	Danach den Teig auf die bemehlte Arbeitsfläche legen und in 6 Teile teilen	
6	Den Backofen auf 250°C vorheizen	
7	Jedes Teil mit der Hand zuerst zusammenfalten und dann zu einem Strang, nicht ganz in der Länge des Backbleches, ausrollen	
8	Die Stangen im Abstand von ca. 2 cm auf ein mit Backtrennpapier belegtes Blech legen	
9	Den Backofen auf 250° C vorheizen	
10	Die Stangen mit etwas Buttermilch bestreichen	
11	Den geriebenen Käse nun dick auf den Stangen verteilen	
12	Mit Gewürzen nach Belieben bestreuen	
13	Das Backblech auf die mittlere Schiene in den Ofen schieben und schließen	
14	Beim Backen, ca. 15 bis 20 Minuten, dabeibleiben und beobachten	
15	Der Käse sollte goldbraun und nicht zu dunkel werden. da er sonst bitter schmeckt	
16	Wenn goldbraun gleich aus dem Ofen holen	
17	Mit einer Schere oder einem Messer die Stangen trennen	
18	Die Stangen nach dem Backen aus dem Ofen nehmen und auf einem Gitter etwas auskühlen lassen	
19	Noch frisch zu einer Suppe oder zu einem Salatteller servieren	

4.6 Brotstangen mediterran

Bei diesen Stangen liegt der Fokus nicht auf dem Käse wie bei den Käsestangen. Sie sind universeller einsetzbar und benötigen für den Verzehr keine Käseliebhaber. Der Geschmack lässt sich mit verschiedenen Gewürzen sehr individuell gestalten und das sogar bei ein und demselben Backvorgang.

Abbildung 33: Brotstangen mediterran

Brotstangen		Zeiten
Menge	**Einheit**	**Bemerkung**
30	Min	Arbeitszeit Teig
1	Std	Teig gehen lassen
20	Min	Backdauer

Abbildung 34: Brotstangen mit Kräutern

Hilfsmittel

Menge	Bezeichnung	Bemerkung	OK
1	Kühlschrank	Für Frische Backhefe, etc.	
1	Backofen	Für große Backbleche und mit mind. 250°C	
1	Großes Backblech	Für Backofen	
1	Großes Gitter	Für Backofen	
1	Großes Schneidbrett	Oder saubere Küchenarbeitsplatte	
1	Große Schüssel	Zum Teigkneten, mit Plastikdeckel	
1	Mittlere Plastikschüssel	Mit Plastikdeckel für den Kühlschrank	
1	Frischhaltefolie	Falls keine Schüssel mit Plastikdeckel vorhanden	
1	Plastiktüte/-sack	Falls keine Schüssel mit Plastikdeckel vorhanden	
1	Große Tasse	250 ml	
1	Messer	scharf, stabil	
1	Teelöffel	zum Dosieren	
1	Esslöffel	zum Dosieren	
1	Messbecher	Einteilung ml/g bis 1 Liter	
1	Backtrennpapier	Für großes Backblech	
1	Backpinsel	Zum Bestreichen	

Zutaten für 5 bis 10 Stangen

Menge	Einheit	Zutat	Bemerkung	OK
400	g	Dinkelvollkornmehl		
100	g	Dinkelmehl	Zum Bestreuen	
100	g	Helles Dinkelmehl		
½	EL	Salz	ca. 12 g	
10	g	Frische Backhefe		
1	TL	Zucker	Oder Honig	
125	ml	Warmes (Mineral-)Wasser		
½	EL	Backmalz		
1-2	EL	Oliven- oder Chiliöl	Zum bestreichen	
300	ml	Warmes (Mineral-)Wasser	Evtl. auch etwas mehr	
10	Stk	Oliven		
5	Stk	Getrocknete Tomaten	In Öl eingelegt	
		Gewürze, Samen, etc.:	Nach Belieben, kleine Packungen und	
			geschrotet oder gemahlen	
			z.B. Rosmarin-Nadeln, Basilikum, Thymian	
			Und weitere Kräuter nach Geschmack	

Brotstangen	Zubereitung	
Schritt	**Vorgang**	**OK**
1	Die Hefe mit dem Zucker oder Honig und 125 ml Wasser in einer Tasse einige Minuten stehen lassen	
2	Die 300 ml Wasser und die übrigen Zutaten, außer den Oliven und Tomaten, mit der Hefe in eine große Schüssel geben und daraus einen Teig mischen	
3	Nur kurz zusammen kneten, bis der Teig eine schöne Bindung hat	
4	Die Schüssel gut abdecken und den Teig ca. 1 Stunde bei Zimmertemperatur gehen lassen	
5	Nach dem Gehen den Teig auf die bemehlte Arbeitsfläche geben und mit der Hand flach ausbreiten	
6	Den Backofen auf 250°C vorheizen	
7	Die gehackten Oliven, Tomaten und Kräuter auf dem Teig verteilen	
8	Den Teig von mehreren Seiten einschlagen, so dass alles gut verteilt ist	
9	Je nachdem, wie dünn man die Stangen haben möchte, den Teig in Stücke teilen und aus jedem Teil eine Stange formen	
10	Nebeneinander, mit ca. 2 cm Abstand, auf ein mit Backtrennpapier belegtes Blech legen	
11	Eventuell mit etwas Chiliöl bepinseln	
12	Das Backblech auf die mittlere Schiene mit Ober-/Unterhitze schieben	
13	Ca. 15 bis 20 Minuten bei 250°C backen	
14	Die Stangen nach dem Backen aus dem Ofen nehmen und auf einem Gitter etwas auskühlen lassen	

4.7   *Baguettes mit langer Teigführung*

Diese Baguettes kann man den ganzen Tag essen. Sie passen zum Frühstück so gut wie zum Mittag- oder Abendessen. Aber Vorsicht, es steht in der Zeitentabelle ein Wert von maximal 42 Stunden als summierte Ruhezeit. Es addieren sich die Vorbereitungszeiten über die Tage und Nächte hinweg. Es will also gut geplant werden, wenn man sie zu einem bestimmten Termin braucht. Bei dem Geschmack mit der Qualität lohnt es sich aber auf alle Fälle. Für das (Sauerteig-) Anstellgut siehe spezielles Rezept am Ende des Buches.

Abbildung 35: Baguettes mit langer Teigführung

Baguettes	Zeiten	
Menge	**Einheit**	**Bemerkung**
1	Std	Arbeitszeit Teig
42	Std	Teig gehen lassen
20	Min	Backdauer

Abbildung 36: Baguettes geschnitten

Hilfsmittel

Menge	Bezeichnung	Bemerkung	OK
1	Kühlschrank	Für Frische Backhefe, etc.	
1	Backofen	Für große Backbleche und mit mind. 250°C	
1	Großes Backblech	Für Backofen	
1	Großes Gitter	Für Backofen	
1	Großes Schneidbrett	Oder saubere Küchenarbeitsplatte	
1	Große Schüssel	Zum Teigkneten, mit Plastikdeckel	
2	Mittlere Plastikschüssel	Mit Plastikdeckel für den Kühlschrank	
1	Frischhaltefolie	Falls keine Schüssel mit Plastikdeckel vorhanden	
1	Plastiktüte/-sack	Falls keine Schüssel mit Plastikdeckel vorhanden	
1	Backstein	Alternativ auf Wunsch, statt auf dem Blech	
1	Feuerfeste Schüssel	Zum mit in den Backofen stellen, mit altem Besteck o.ä.	
1	Große Tasse	250 ml	
1	Messer	scharf, stabil	
1	Teelöffel	zum Dosieren	
1	Esslöffel	zum Dosieren	
1	Messbecher	Einteilung ml/g bis 1 Liter	
1	Backtrennpapier	Für großes Backblech	
1	Backpinsel	Zum Bestreichen	
1	Tuch	Mindestens so groß wie Backblech	

Menge	Einheit	Zutat	Bemerkung	OK
		Vorteig:		
25	g	Weizenmehl	Typ 700	
5	g	Natursauerteig-Anstellgut		
25	ml	Warmes (Mineral-)Wasser	25 bis 30°C	
		Weizen-Poolish:		
200	g	Weizenmehl	Typ 700	
10	g	Vollkorn-Roggenmehl		
1	g	Frische Backhefe		
200	ml	Warmes (Mineral-)Wasser	25 bis 30 °C	
		Hauptteig:		
940	g	Weizenmehl	Typ 700	
100	g	Weizenmehl	Zum Bestreuen	
1	EL	Salz	ca. 26 g	
2	g	Frische Backhefe		
50	ml	Olivenöl	Zum Einölen der großen Schüssel	
580	ml	Kaltes (Mineral-)Wasser	Evtl. auch etwas mehr, 30°C	

Zutaten für 8 Stück a´ 250 g

Zubereitung

Schritt	Vorgang	OK
1	**Vorteig:**	
2	Die 25 ml Wasser und die übrigen Zutaten für den Vorteig, in eine Schüssel geben und gut vermischen	
3	Die Schüssel gut abdecken und den Teig ca. 8 bis 16 Stunde bei Zimmertemperatur gehen lassen	
4	**Weizen-Poolish:**	
5	Die 200 ml Wasser und die übrigen Zutaten für den Poolish in eine Schüssel geben und gut vermischen	
6	Die Schüssel gut abdecken und den Teig ca. 8 bis 16 Stunde bei Zimmertemperatur gehen lassen	
7	**Hauptteig:**	
8	Die 580 ml Wasser und die übrigen Zutaten, außer dem Salz, für den Hauptteig in eine große Schüssel geben.	
9	Den Vorteig und das Poolish dazugeben und 1 bis 2 Min zu einem Teig kneten	
10	Die Schüssel gut abdecken und den Teig ca. 30 bis 40 Min bei Zimmertemperatur rasten lassen	
11	Nach der Rast den Teig wieder langsam kneten und nach 8 Min das Salz hinzufügen	
12	Nun den Teig etwas schneller auskneten, bis er sich leicht vom Schüsselrand löst und eine glatte Oberfläche bekommen hat	
13	Den fertig gekneteten Teig in eine geölte Schüssel geben und für 45 Min bei Zimmertemperatur zugedeckt rasten lassen	
14	Nach dieser Zeit den Teig ziehen und falten und dann zugedeckt im Kühlschrank für 8 bis 24 Std. rasten lassen	
15	Die Schüssel aus dem Kühlschrank nehmen und ca. 45 Min bei Raumtemperatur akklimatisieren lassen	
16	Nun den Teig vorsichtig auf die leicht bemehlte Arbeitsfläche gleiten lassen	
17	Mit dem Messer Teiglinge zu je 250 g abstechen	
18	Jeden Teigling zusammenfalten und auf Spannung bringen. Dabei etwas in die Länge rollen	
19	Die Teiglinge zugedeckt 10 bis 15 Min rasten lassen	

20	Danach etwas länger ausformen. Dabei die Enden etwas spitz formen	
21	Das Backblech auf die mittlere Ofenschiene mit Ober-/Unterhitze schieben	
22	Wenn vorhanden, Backstein auf das Blech legen	
23	Den Backofen auf 245°C vorheizen	
24	Dabei eine ofenfeste Schale mit altem Besteck (Schrauben gehen auch) oder mit Steinen füllen und miterhitzen	
25	Die fertig geformten Teiglinge mit dem Schluß nach oben auf ein bemehltes Tuch legen und für 30 Min entspannen lassen	
26	Die Teiglinge nun mit dem Schluß nach unten mit ca. 2 cm Abstand, auf ein mit Backtrennpapier legen und schräg mit einem scharfen Messer einschneiden	
27	Bei den Baguettes ist eine gute Unterhitze sehr wichtig! Die Teiglinge daher direkt auf die heiße Blechoberfläche oder den Backstein im auf 245°C vorgeheizten Ofen ziehen!	
28	Etwas Wasser auf das erhitzte Besteck gießen, damit sich Dampf bildet	
29	Evtl. während des Backens den Backofen kurz öffnen und weiteres Wasser auf das heiße Besteck gießen. Sofort die Türe wieder schließen	
30	Mit viel Dampf für ca. 18 bis 20 Min backen	
31	Die Stangen nach dem Backen aus dem Ofen nehmen und auf einem Gitter etwas auskühlen lassen	

4.8 Fladenbrot (Chapati-Brot)

Das Rezept zu diesem Chapati-Brot verzichtet auf das gerne verwendete gebleichte Weizenmehl (Maida). Alle Zutaten sind vollkommen normal, einfach zu kaufen und werden in diesem Buch an anderer Stelle auch eingesetzt. Belegt werden die Fladen mit allem, was man sonst auf ein Brot gibt. Schmeckt mit Butter bestrichen auch sehr gut, oder man reicht sie zu Eintöpfen.

Abbildung 37: Fladenbrot Chapati

Fladenbrot Chapati	Zeiten	
Menge	**Einheit**	**Bemerkung**
25	Min	Arbeitszeit Teig
1	Std	Teig gehen lassen
je 5	Min	Backdauer nach Sicht

Abbildung 38: Fladenbrot servierfertig

Hilfsmittel

Menge	Bezeichnung	Bemerkung	OK
1	Kühlschrank	Evtl. zum Aufbewahren der Fladen	
1	Herdplatte	Für die große Pfanne	
1	Großes Schneidbrett	Oder saubere Küchenarbeitsplatte	
1	Große Schüssel	Zum Teigkneten, mit Plastikdeckel	
1	Mittlere Plastikschüssel	Mit Plastikdeckel für den Kühlschrank	
1	Frischhaltefolie	Falls keine Schüssel mit Plastikdeckel vorhanden	
1	Plastiktüte/-sack	Falls keine Schüssel mit Plastikdeckel vorhanden	
1	Gusseisenpfanne	Mit Deckel, keine Teflonpfanne	
1	Große Tasse	250 ml	
1	Messer	scharf, stabil	
1	Teelöffel	zum Dosieren	
1	Esslöffel	zum Dosieren	
1	Messbecher	Einteilung ml/g bis 1 Liter	
1	Großer Teller	Zum Stapeln der Fladen	
1	Großes Küchentuch	Zum Einschlagen der Brote	

Zutaten für 10 bis 12 Fladenbrote

Menge	Einheit	Zutat	Bemerkung	OK
500	g	Dinkel- oder Weizen-Mehl	Als Vollkorn oder gemischt	
100	g	Dinkelmehl	Zum Bestreuen	
½	EL	Salz	ca. 12 g	
2	EL	Olivenöl	Für den Teig	
		Warmes (Mineral-)Wasser	Nach Bedarf	
		Keine Hefe oder		
		andere Triebmittel		

Zubereitung

Schritt	Vorgang	OK
1	Das Mehl, Salz und Öl in eine Schüssel geben und gut vermischen	
2	Danach so viel warmes Wasser unterrühren, dass ein weicher, geschmeidiger Teig entsteht	
3	Solange rühren, bis der Teig schön bindet und sich gut von der Schüssel löst	
4	Anschließend noch von Hand kneten	
5	Gut zugedeckt zum Quellen auf die Seite stellen (ca. ½ bis 1 Stunde)	
6	Nach dieser Ruhezeit den Teig in die gewünschte Anzahl Portionen aufteilen	
7	Zu dünnen Fladen ausrollen (je nach gewünschter Dicke und Pfannengröße)	
8	Nehmen sie eine gute, hitzebeständige Pfanne (keine Teflonpfanne)	
9	Am besten eignet sich eine Gusseisenpfanne	
10	Pfanne auf Herdplatte mit guter Hitze stellen	
11	Die Fladen ohne Fett backen	
12	Einen Fladen in die heiße Pfanne legen und kurz von jeder Seite backen	
13	Wieder wenden, dabei etwas andrücken, so dass sich Blasen bilden	
14	Fladen aus Pfanne nehmen und auf Teller legen	
15	Nächsten Fladen backen	
16	Die Fladen auf den Teller über einander legen und in ein Tuch einschlagen	

4.9   Fladenbrot (Knoblauch-Brot)

Zu diesem Fladenbrot passt eine Avocadocreme mit Roquefort besonders gut. Dabei schmecken sie sehr gut zu indischen Gerichten und Eintöpfen. Wer es mag, kann die Fladen mit mehr oder weniger Knoblauchöl bestreichen. Vorsorglich bringt man dann dem Arbeitskollegen auch gleich eine mit.

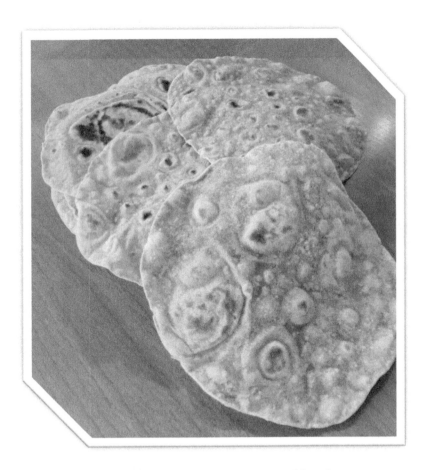

Abbildung 39: Fladenbrot Knoblauch

Fladenbrot Knoblauch		Zeiten
Menge	**Einheit**	**Bemerkung**
25	Min	Arbeitszeit Teig
1	Std	Teig gehen lassen
je 5	Min	Backdauer nach Sicht

Abbildung 40: Fladenbrot gut bestrichen

Hilfsmittel

Menge	Bezeichnung	Bemerkung	OK
1	Kühlschrank	Evtl. zum Aufbewahren der Fladen	
1	Herdplatte	Für die große Pfanne	
1	Großes Schneidbrett	Oder saubere Küchenarbeitsplatte	
1	Große Schüssel	Zum Teigkneten, mit Plastikdeckel	
1	Mittlere Plastikschüssel	Mit Plastikdeckel für den Kühlschrank	
1	Frischhaltefolie	Falls keine Schüssel mit Plastikdeckel vorhanden	
1	Plastiktüte/-sack	Falls keine Schüssel mit Plastikdeckel vorhanden	
1	Gusseisenpfanne	Mit Deckel, keine Teflonpfanne	
1	Mittlerer Topf	In dem die große Tasse gut Platz hat (Wasserbad)	
1	Große Tasse	250 ml	
1	Messer	scharf, stabil	
1	Teelöffel	zum Dosieren	
1	Esslöffel	zum Dosieren	
1	Messbecher	Einteilung ml/g bis 1 Liter	
1	Großer Teller	Zum Stapeln der Fladen	
1	Backpinsel	Zum Bestreichen mit Butter	
1	Großes Küchentuch	Zum Einschlagen der Brote	

Zutaten für 10 bis 12 Fladenbrote

Menge	Einheit	Zutat	Bemerkung	OK
500	g	Dinkel- oder Weizen-Mehl		
100	g	Dinkelmehl	Zum Bestreuen	
½	EL	Salz	ca. 12 g	
2	EL	Knoblauchöl	Zum Bestreichen	
2	EL	Olivenöl	Für den Teig	
100	g	Butter	Wird später zu zerlassener/flüssiger Butter!	
		Warmes (Mineral-)Wasser	Nach Bedarf	
		Keine Hefe oder		
		andere Triebmittel		

Fladenbrot Knoblauch	Zubereitung	
Schritt	**Vorgang**	**OK**
1	Das Mehl, Salz und Öl in eine Schüssel geben und gut vermischen	
2	Danach so viel warmes Wasser unterrühren, dass ein weicher, geschmeidiger Teig entsteht	
3	Solange rühren, bis der Teig schön bindet und sich gut von der Schüssel löst	
4	Anschließend noch von Hand kneten	
5	Gut zugedeckt zum Quellen auf die Seite stellen (ca. ½ bis 1 Stunde)	
6	Nach dieser Ruhezeit den Teig in die gewünschte Anzahl Portionen aufteilen	
7	Die Butter in einem kleinen Topf schmelzen, nicht anbrennen lassen	
8	Den Teig dünn ausrollen und die Hälfte dünn mit der jetzt flüssigen Butter bestreichen	
9	Die andere Hälfte darüberlegen und mit dem Wellholz wieder auswalken	
10	Den Vorgang 3 bis 4 mal wiederholen	
11	Am Schluss die Fladen oben und unten dünn mit der flüssigen Butter bestreichen	
12	Nehmen sie eine gute, hitzebeständige Pfanne (keine Teflonpfanne)	
13	Am besten eignet sich eine Gusseisenpfanne	
14	Pfanne auf Herdplatte mit guter Hitze stellen	
15	Die Fladen ohne Fett backen	
16	Einen Fladen in die heiße Pfanne legen und kurz von jeder Seite backen	
17	Wieder wenden, dabei etwas andrücken, so dass sich Blasen bilden	
18	Fladen aus Pfanne nehmen und auf Teller legen	
19	Die Fladen können nun mit Knoblauchöl oder Olivenöl bestrichen werden	
20	Nächsten Fladen backen	
21	Die Fladen auf den Teller über einander legen	
22	Fertig gebackene Fladen in einer Pfanne mit Deckel lagern	

4.10 Fladenbrote auf Vorrat

Diese Fladen-Brote lassen sich sehr gut einfrieren. Alle Fladen übereinanderlegen, in einen Gefrierbeutel geben und einfrieren. Man kann sie dann auch einzeln aus dem Beutel nehmen und ganz schnell auftauen. Die Fladen schmecken besonders gut, wenn man sie nach dem auftauen nochmals ganz kurz in der Pfanne erwärmt.

Die Fladen können mit allem was man sonst auf ein Brot gibt belegt werden und lassen sich dann einfach übereinander klappen.

Durch bestreichen und rollen entsteht ein gut gefüllter Wrap. So kann Gemüse, Salat oder gebratenes Fleisch mit einer pikanten Sauce, Sauerrahm oder Ähnlichem verpackt werden.

Für einen plötzlichen Gästeansturm gut gewappnet!

Abbildung 41: Fladenbrot auf Vorrat

Fladenbrote	Zeiten	
Menge	**Einheit**	**Bemerkung**
20	Min	Arbeitszeit Teig
1	Std	Teig gehen lassen
Je 5	Min	Backdauer

Abbildung 42: Fladenbrot im Stapel

Hilfsmittel

Menge	Bezeichnung	Bemerkung	OK
1	Kühlschrank	Evtl. zum Aufbewahren der Fladen	
1	Herdplatte	Für die große Pfanne	
1	Küchenmaschine	Mit Knetschüssel für den Teig	
1	Großes Schneidbrett	Oder saubere Küchenarbeitsplatte	
1	Große Schüssel	Zum Teigkneten, mit Plastikdeckel	
1	Mittlere Plastikschüssel	Mit Plastikdeckel für den Kühlschrank (Vorteig)	
1	Frischhaltefolie	Falls keine Schüssel mit Plastikdeckel vorhanden	
1	Plastiktüte/-sack	Falls keine Schüssel mit Plastikdeckel vorhanden	
1	Gusseisenpfanne	Mit Deckel, keine Teflonpfanne	
1	Große Tasse	250 ml	
1	Messer	scharf, stabil	
1	Teelöffel	zum Dosieren	
1	Esslöffel	zum Dosieren	
1	Messbecher	Einteilung ml/g bis 1 Liter	
1	Großer Teller	Zum Stapeln der Fladen	
1	Backpinsel	Zum Bestreichen mit Butter	
1	Großes Küchentuch	Zum Einschlagen der Brote	

Menge	Einheit	Zutat	Bemerkung	OK
			Zutaten für 10 bis 12 Brote	
200	g	Weizenmehl	Typ 700	
100	g	Dinkelmehl	Zum Bestreuen	
200	g	Dinkel-Vollkornmehl	Fein gemahlen	
1	TL	Salz		
1	TL	Weinstein-Backpulver		
5-6	EL	Sonnenblumenöl	Oder Rapsöl	
200	ml	Warmes (Mineral-)Wasser		

Zubereitung

Schritt	Vorgang	OK
1	Alle Zutaten in die Schüssel der Küchenmaschine geben	
2	Einschalten und 2 bis 3 Minuten zu einem schönen, geschmeidigen Teig verkneten	
3	Den Teig auf die bemehlte Arbeitsfläche legen und noch kurz von Hand durchkneten	
4	Eventuell noch etwas Mehl unter den Teig kneten, bis er eine schöne, geschmeidige und glatte Konsistenz hat	
5	Den Teig nicht zu fest machen	
6	Beim Kneten sollte er aber auch nicht mehr an den Händen kleben	
7	Die Teigkugel in eine Schüssel geben und gut abgedeckt ca. 30 bis 60 Minuten ruhen lassen	
8	Den Teig auf die bemehlte Arbeitsfläche geben	
9	In gleichmäßige Stücke teilen und zu dünnen Fladen auswalken	
10	Die Größe der Fladen der Größe der Pfanne anpassen	
11	Eine Pfanne erhitzen (ohne Öl) und einen Fladen einlegen	
12	Nur kurz auf der ersten Seite backen und gleich wenden	
13	Kurz auf der zweiten Seite backen und wieder wenden	
14	Beim dritten Mal Wenden bilden sich meist kleine oder größere Blasen	
15	Die Hitze sollte am Anfang hoch sein und danach kann man die Temperatur anpassen, sodass die Fladen nicht zu dunkel werden	
16	Fladen aus Pfanne nehmen und auf Teller legen	
17	Nächsten Fladen backen	
18	Die Fladen auf den Teller über einander legen und in ein Tuch einschlagen	
19	Fertig gebackene Fladen in einer Pfanne mit Deckel lagern	
20	Kalte Fladenbrote können eingefroren werden	

4.11 Pizza mit langer Teigführung

Wie auch beim Flammkuchen ist eine starke Hitze sehr hilfreich für einen guten Boden. Falls es der Ofen schafft, sollte man die Pizza bei 280°C bis 300°C Ober-/Unterhitze backen. Dann aber kürzer backen.

Auch ein Backstein oder eine Gusseisenplatte hilft sehr beim Pizzabacken. Backsteine gibt es heute sehr günstig als Steinplatten immer wieder im Angebot beim Discounter.

So sollte man auch ohne speziellen Pizzaofen ein ganz gutes Ergebnis erzielen können.

Abbildung 43: Pizza mit langer Teigführung

Pizza	Zeiten	
Menge	**Einheit**	**Bemerkung**
30	Min	Arbeitszeit Teig
12	Std	Teig gehen lassen
4 oder 24	Std	Weiter Teig gehen lassen
Je 10	Min	Backdauer

Abbildung 44: Pizzen servierfertig

128

Pizza		Hilfsmittel		
Menge	Bezeichnung	Bemerkung		OK
1	Kühlschrank	Für die Frische Backhefe, den Teig, etc.		
1	Backofen	Für große Backbleche und mit mind. 250°C		
1	Küchenmaschine	Mit Knetschüssel für den Teig		
1	Großes Backblech	Für Backofen		
1	Großes Gitter	Für Backofen, evtl. 2. Gitter zum Abkühlen lassen		
1	Großes Schneidbrett	Oder saubere Küchenarbeitsplatte		
1	Große Schüssel	Zum Teigkneten, mit Plastikdeckel		
1	Mittlere Plastikschüssel	Mit Plastikdeckel für den Kühlschrank (Vorteig)		
1	Frischhaltefolie	Falls keine Schüssel mit Plastikdeckel vorhanden		
1	Plastiktüte/-sack	Falls keine Schüssel mit Plastikdeckel vorhanden		
1	Backstein, groß, rund	Alternativ auf Wunsch, statt auf dem Blech		
1	Große Tasse	250 ml		
1	Messer	scharf, stabil		
1	Teelöffel	zum Dosieren		
1	Esslöffel	zum Dosieren		
1	Messbecher	Einteilung ml/g bis 1 Liter		
1	Brotschieber	Oder Holzschaufel		
1	Backtrennpapier	Für großes Backblech		

Zutaten für 2 Pizzas

Menge	Einheit	Zutat	Bemerkung	OK
500	g	Weizenmehl	Typ 00 oder 550	
100	g	Weizenmehl	Zum Bestreuen	
20	ml	Olivenöl		
½	EL	Salz	ca. 12 g	
1-2	g	Frische Backhefe		
300	ml	Kaltes (Mineral-)Wasser		
		Belag, Gewürze, etc.:	z.B. Tomatensauce, Mozzarella, Tomaten,	
			Zwiebeln, Tunfisch, Salami, Paprika, Pilze,	
			Geriebener Käse	

Pizza	Zubereitung	
Schritt	**Vorgang**	**OK**
1	Alle Zutaten in die Schüssel der Küchenmaschine geben	
2	Ca.10 Minuten zu einem glatten, geschmeidigen Teig verkneten	
3	3 Minuten langsam, 7 Minuten etwas schneller kneten lassen	
4	Je nach Mehlsorte noch etwas Wasser zufügen, wenn der Teig noch zu fest ist	
5	Den Teig in eine Schüssel legen und gut abgedeckt im Kühlschrank über Nacht ruhen lassen. Man kann den Teig auch 3 bis 5 Tage im Kühlschrank ruhen lassen (Wenn man keine Möglichkeit zum Kühlen hat, kann man diesen Teig auch 24 Stunden bei Raumtemperatur (18 bis 20°C) ruhen lassen. Dabei muss man ihn aber immer nach ca. 8 Std. dehnen/ziehen und falten)	
6	Am Morgen den Teig aus der Schüssel auf die bemehlte Arbeitsfläche legen	
7	In 3 oder 4 Teile teilen	
8	Jedes Stück zu einem runden Bällchen formen und auf ein bemehltes Blech legen	
9	Mit etwas Mehl bestäuben und gut abgedeckt 3 bis 4 Stunden bei Raumtemperatur gehen lassen (Man kann diesen Teig auch 24 Stunden bei Raumtemperatur (18 bis 20°C) ruhen lassen. Dabei muss man ihn aber immer nach ca. 8 Std. dehnen/ziehen und falten)	
10	Dann ein rundes, gegangenes Bällchen vorsichtig auf ein mit etwas Mehl bestäubtes Backtrennpapier auf der Arbeitsfläche legen	
11	Vorsichtig von innen nach außen in eine runde Form drücken	
12	Dabei achten, dass die Luft nicht zu stark herausgedrückt wird	
13	Wenn möglich nicht mit dem Nudelholz bearbeiten	
14	Es sollte ein etwas höherer Rand und ein etwas dünnerer Boden entstehen	
15	In der Zwischenzeit ein Backblech in den Backofen (mittlere Schiene) schieben	
16	Auf das Gitter kann auch ein Backstein deponiert werden, später die Pizza darauf backen	
17	Bei 250°C Ober-/Unterhitze gut heiß werden lassen	
18	Wenn der Teig sich beim Formen zusammenzieht sollte man ihn entspannen lassen	
19	Dafür den Teig mit einer Frischhaltefolie abdecken und 3 bis 4 Minuten ruhen lassen	
20	Dann lässt er sich wieder besser weiterverarbeiten	
21	Den ausgezogenen, aber immer noch mit Luftblasen durchzogenen Teig auf dem Backtrennpapier belassen	

22	Mit Tomatensauce bestreichen und geriebenen Käse darüber verteilen
23	Mit weiteren Zutaten belegen
24	Dann das heiße Blech aus dem Backofen nehmen und die Pizza mit dem Backtrennpapier auf das heiße Blech schieben. Oder direkt auf den Backstein legen (wenn vorhanden)
25	Sofort wieder in den Ofen geben
26	Solange bei starker Hitze backen, bis die Pizza eine schöne Farbe angenommen hat
27	Das dauert ungefähr 8 bis 10 Minuten, je nach Backofen
28	Während ein Blech im Backofen ist, die nächste Pizza auf einem Backtrennpapier vorbereiten
29	Die fertige Pizza aus dem Ofen holen und auf das Gitter auf der Arbeitsplatte schieben
30	Dann die neue Pizza auf das heiße Blech oder den Backstein schieben und backen

4.12   Sauerteig - Anstellgut

Zum Backen mit Sauerteig benötigt man Anstellgut. Das ist ein kleiner Teil Sauerteig (mit entsprechenden guten Mikroorganismen), mit dem der Vorteig versetzt wird um aus dem Hauptteig einen Sauerteig zu machen.

Die Mikroorganismen können sich nur bei der richtigen Temperatur entwickeln, ansonsten bilden sich falsche Mikroorganismen oder sie sterben ab. Die Einhaltung der richtigen Temperatur ist also sehr wichtig.

Sauerteige werden immer im Kühlschrank gelagert, da im Kühlen die Fermentation gebremst wird und dadurch muss man den Sauerteig nicht so oft füttern. Aber regelmäßiges „Füttern" ist sehr wichtig, damit der Sauerteig wieder „Nahrung" bekommt.

Wenn man einmal in der Woche Brot bäckt, nimmt man immer wieder vom fertigen Sauerteig eine kleine Menge weg und gibt ihn in ein frisches Glas. Das Glas kommt dann wieder bis zum nächsten Backen in den Kühlschrank.

Wenn weniger oft gebacken wird, dann sollte der Sauerteig regelmäßig gefüttert werden (1x in der Woche oder alle 10-12 Tage). Es werden 20g vom Sauerteig abgewogen und mit 20g warmem Wasser und 20g Roggenvollkornmehl vermischt. Mindestens 3 Stunden an einem warmen Ort gehen lassen. Danach kommt er wieder in den Kühlschrank.

Es bleibt immer etwas Teig übrig. Entweder man bäckt damit oder man vermischt ihn mit Wasser und gibt ihn auf den Kompost oder ins Blumenbeet (es sind ja gute Mikroorganismen).

Wenn man in den Urlaub fährt, kann man den Sauerteig trocknen, dann hält er sich sehr lange. Man nimmt einen Esslöffel vom Sauerteig und zerreibt ihn mit der fünffachen Menge Mehl, bis er trocken ist. Dann trocknet man ihn noch kurz bei wenig Hitze im Backofen. Die Brösel in ein geeignetes Gefäß geben und so aufbewahren bis man ihn wieder benötigt. Um den Sauerteig wieder zu aktivieren, füttert man ihn 2x hintereinander.

Anstellgut ist also Sauerteig, der immer wieder mit Mehl und Wasser gefüttert wird. Übrigens findet man im Internet elektronische Bauanleitungen, um die Temperatur, Feuchte und Quellung zu überwachen und anzuzeigen.

Auf den Bildern sieht man die Quellung und Markierung mit Gummiring.

Abbildung 45: Sauerteig – Anstellgut im Glas

Sauerteig - Anstellgut		Zeiten
Menge	**Einheit**	**Bemerkung**
30	Min	Arbeitszeit Teig, insgesamt
3x24	Std	Teig gehen lassen

Abbildung 46: Sauerteig - Anstellgut geht auf

Sauerteig - Anstellgut		Hilfsmittel	
Menge	**Bezeichnung**	**Bemerkung**	**OK**
1	Kühlschrank	Für den Teig im Glas	
1	Backofen	Für große Backbleche und mit mind. 250°C	
1	Großes Gitter	Für Backofen, um evtl. Gläser darauf zu stellen	
1	Styroporbox	Evtl. zum Warmstellen der 2 Gläser	
1	Wärmeflasche	Evtl. um die Temperatur zu halten	
2-3	Schraubglas, ca. ½ - 1L	Mit Deckel für den Kühlschrank (innen sehr sauber!)	
1	Frischhaltefolie	Falls kein Glas mit Deckel vorhanden	
1	Messer	scharf, stabil	
1	Esslöffel	zum Dosieren	
1	Messbecher	Einteilung ml/g bis 1 Liter	

Abbildung 47: Ein komplettes Set

Sauerteig - Anstellgut			Zutaten	
Menge	**Einheit**	**Zutat**	**Bemerkung**	**OK**
300	g	Roggenvollkornmehl	In Portionen aufgeteilt	
300	ml	Warmes (Mineral-)Wasser	In Portionen aufgeteilt	

Schritt	Vorgang	OK
	Sauerteig - Anstellgut — **Zubereitung**	
1	**1. Tag:**	
2	25g Roggenvollkornmehl mit 25ml Wasser (28 bis 30°C) verrühren und in ein sauberes Schraubglas geben. Der Teig sollte eine weiche Konsistenz haben	
3	Den Deckel draufschrauben und das Glas an einem warmen Ort (wichtig: 25 bis 30°C warm) 24 Stunden stehen lassen	
4	**2. Tag:**	
5	Glas öffnen und zum Teig nun wieder 25g Roggenvollkornmehl und 25ml Wasser geben und gut vermischen. Deckel aufschrauben.	
6	Wieder für 24 Stunden an einem warmen Ort stehen lassen. Den Vorgang am besten morgens oder abends durchführen	
7	**3. Tag:**	
8	Man nimmt nun 25g vom Teig (ist jetzt das Anstellgut) aus dem Glas und gibt ihn in ein neues Glas	
9	Vermischt (füttert) ihn mit 50ml Wasser und 50g Roggenvollkornmehl	
10	So verdünnt man die Säure im Anstellgut und schafft wieder Raum, dass sich neue Hefezellen bilden können	
11	Dann stellt man das neue Glas wieder für 24 Stunden an einen warmen Ort	
12	Den übrig gebliebenen Teig im alten Glas entsorgen oder ein Brot damit backen	
13	**4. Tag:**	
14	Es sollten sich nun schon viele Blasen im Teig gebildet haben	
15	Wenn das Glas nun geöffnet wird, kann es sein, dass der Teig etwas eigenartig riecht. Das ist aber völlig normal	
16	Man nimmt nun nochmals 50g Roggenmehl und 50ml warmes Wasser und gibt es in ein neues sauberes Glas	
17	Dazu kommt wieder 25g vom Anstellgut aus dem alten Glas und wird vermischt	
18	Diesen Teig wieder für 24 Stunden an einem warmen Ort reifen lassen	
19	Das Anstellgut sollte sich in dieser Zeit ca. verdoppeln. Wenn man ein Gummiband um das Glas legt, sieht man, wie hoch der Teig gestiegen ist	
20	Wenn sich Schimmel bildet, ist der Sauerteig (das Anstellgut) leider verdorben und nicht mehr zu retten. Man muss dann wieder von vorne beginnen	

21	5. Tag:	
22	Wenn alles gut gegangen ist und der Teig gut aufgegangen und sich viele Bläschen gebildet haben, ist das Anstellgut fertig zum Backen	
23	Man entnimmt dazu nur so viel Anstellgut wie zum Rezept benötigt wird. Der Rest kommt mit dem Glas in den Kühlschrank	
24	Es bilden sich Milchsäurebakterien, Hefen und auch Essigsäuren. Das Gärgas, das sich entwickelt, lässt den Teig schön aufgehen	
25	Mit dem Anstellgut aus dem Kühlschrank kann immer wieder gebacken werden. Aber unbedingt das Füttern nicht vergessen.	

Das Füttern vom Anstellgut :

Man behält immer etwas vom Anstellgut im Glas zurück. Vor dem Backen füttert man das Anstellgut mit Wasser und Mehl und lässt es bei Zimmertemperatur stehen, bis der Teig schön aufgegangen ist. Das kann über Nacht oder über den Tag gehen (z.B.: man hat 25g Anstellgut im Glas, dann füttert man mit 100ml Wasser und 100g Mehl).

Sauerteig ansetzen für das Backen von Brot:

Man entnimmt nun nur so viel Teig vom Anstellgut weg, wie zum Rezept benötigt wird. Der Rest bleibt im Glas und kommt wieder in den Kühlschrank. Man vermischt das Anstellgut nun mit Mehl und Wasser zu einem Vorteig. Diesen Teig lässt man dann ca. 10-14 Stunden (je nach Wärme, ideal sind 25 bis 28°C) zugedeckt gehen. Der Teig sollte schön weich und luftig werden.
Mit diesem Sauerteig-Vorteig wird dann der Hauptteig zubereitet (je nach Rezept).

Zum Herstellen und Ansetzen eines Anstellgutes sollten immer Vollkornmehle verwendet werden. Auch Dinkel- und Weizenvollkornmehle eignen sich sehr gut.
Aber zum Füttern und Weiterführen kann man dann auch ganz normale Typenmehle benutzen. Je länger man einen Teig füttert, um so stabiler und triebfähiger wird er.

Beim ersten und zweiten Mal Backen ist der Sauerteig noch etwas schwach. Man gibt dann einfach noch 2 bis 3g Hefe zum Teig dazu. Nach 2 bis 3 Wochen wird der Sauerteig immer kräftiger im Trieb und man braucht dann keine Hefe mehr zum Backen.

Es gibt noch weitere Rezepte die in dieses Buch gehören. Es wird noch gesammelt und aufbereitet. Somit wird es wohl noch weitere Auflagen dieses Buches geben.

Freuen Sie sich schon mal.

Sollten Sie zu einem Rezept eine Anmerkung machen wollen, so schreiben Sie uns gerne eine Mail an info@buch-backen.com.

Übersicht zu allen im Buch verwendeten Bildern und Skizzen:

Abbildung 1: Vollkornbrot
Abbildung 2: Vollkornbrot im Korb
Abbildung 3: Dinkelbrot aus der Kastenform
Abbildung 4: Dinkelbrot mit Kastenform
Abbildung 5: Bauernbrot mit Roggen
Abbildung 6: Bauernbrot
Abbildung 7: Sonnenblumenbrot
Abbildung 8: Sonnenblumenbrot bestreut
Abbildung 9: Sauerteigbrot
Abbildung 10: Sauerteigbrot geschnitten
Abbildung 11: Kartoffelbrot geschnitten
Abbildung 12: Kartoffelbrot mit Kartoffel und Walnüssen
Abbildung 13: Laugenbrötchen
Abbildung 14: Laugenbrötchen im Korb
Abbildung 15: Brotblume
Abbildung 16: Brotblume verschieden bestreut
Abbildung 17: Brötchen mit dreierlei Füllung
Abbildung 18: Brötchen auf Vesperbrett
Abbildung 19: Spitzbrötchen
Abbildung 20: Spitzbrötchen dekoriert
Abbildung 21: Burger-Buns im Korb
Abbildung 22: Burger-Buns auf dem Gitter
Abbildung 23: Zopf auf dem Backblech
Abbildung 24: Zopf auf dem Gitter
Abbildung 25: Zopf mit langer Teigführung
Abbildung 26: Zopf schön eingepinselt und gebacken
Abbildung 27: Focaccia mit bunten Zugaben
Abbildung 28: Focaccia rund gebacken
Abbildung 29: Focaccia in der Backform
Abbildung 30: Focaccia luftig-locker
Abbildung 31: Käsestangen auf dem Vesperbrett
Abbildung 32: Käsestangen im Partyglas
Abbildung 33: Brotstangen mediterran
Abbildung 34: Brotstangen mit Kräutern
Abbildung 35: Baguettes mit langer Teigführung
Abbildung 36: Baguettes geschnitten

7   Bildnachweis

und Anmerkungen:

_____

_____

_____

_____

_____

_____

_____

_____

_____

_____

_____

_____

_____

_____

_____

Printed in Great Britain
by Amazon

32930146R00084